永远的雷锋

YONGYUAN DE LEIFENG

安 安/编著

长春出版社
国家一级出版社
全国百佳图书出版单位

图书在版编目（CIP）数据

永远的雷锋 / 安安编著. — 2版. — 长春： 长春出版社，2016.4（2020.1重印）
ISBN 978-7-5445-4384-2

Ⅰ.①永… Ⅱ.①安… Ⅲ.①雷锋（1940～1962）—生平事迹 Ⅳ.①K825.2

中国版本图书馆CIP数据核字（2016）第054003号

永远的雷锋

编　　著：	安　安
责任编辑：	孙振波
封面设计：	尹小光

出版发行：长春出版社　　　总编室电话：0431—88563443
　　　　　　　　　　　　　　发行部电话：0431—88561180

地　　址：	吉林省长春市南关区长春大街309号
邮　　编：	130041
网　　址：	www.cccbs.net
制　　版：	长春市大航图文制作有限公司
印　　刷：	吉林省良原印业有限公司
经　　销：	新华书店
开　　本：	710毫米×1000毫米　1/16
字　　数：	100千字
印　　张：	11
版　　次：	2012年5月第1版　2016年4月第2版
印　　次：	2020年1月第5次印刷
定　　价：	22.00元

版权所有　　盗版必究
如有印装质量问题，请与印厂联系调换　　　印厂电话：0431-84553218

向陽山徑同鳥空鳴

目　录

第一篇　追忆雷锋 …………………………………… 1

简家塘的"庚伢子" …………………………………… 3
望城县委的小雷 ……………………………………… 5
团山湖农场的"雷正兴" ……………………………… 9
改名"雷锋"赴鞍钢 ………………………………… 14
小个子开大推土机 …………………………………… 16
雨夜抢救水泥 ………………………………………… 19
我要去参军 …………………………………………… 23
当兵第一天 …………………………………………… 30
新兵第一课 …………………………………………… 33
新兵荣立三等功 ……………………………………… 35
一心向着党 …………………………………………… 38
忆苦思甜 ……………………………………………… 43
战友情深深几许 ……………………………………… 56
凝固的一刻 …………………………………………… 61

第二篇　闪光的人生 ………………………………… 63

优秀拖拉机手 ………………………………………… 65

节约标兵 ··· 69

人大代表 ··· 72

优秀校外辅导员 ··· 75

雷锋班 ·· 79

第三篇　雷锋简介 ··· 83

第四篇　雷锋日记摘抄 ·· 87

1958 年 ·· 89

1959 年 ·· 91

1960 年 ·· 97

1961 年 ·· 103

1962 年 ·· 128

第五篇　雷锋诗文选编 ··· 147

第六篇　雷锋大事年表 ··· 167

第一篇

追忆雷锋

简家塘的"庚伢子"

1940年12月18日,雷锋出生在湖南一个叫简家塘的小山村里,因为这一年是农历庚辰年,家里人就给他取了个乳名叫"庚伢子"。

雷锋出生的时候,全国正处于抗日战争的关键时期,日寇的侵略和封建地主的剥削,使得劳苦大众生活于水深火热之中,出身于贫苦人家的雷锋对此感受最为深刻。雷锋曾在一篇日记中写道:"我家里很穷,父亲、母亲、哥哥、弟弟,都死在民族敌人和阶级敌人的手里,这血海深仇,我永远铭记在心中。"

雷锋的父亲雷明亮自小就跟家里租种地主的土地,曾参加过毛主席领导的湖南农民运动,当过自卫队长。1938年在为资本家运货时,遭到国民党军队的毒打,造成内伤,回到家乡后边养病边种田,偶尔也打些零工,勉强维持一家老小的生活。1944年,日本侵略者侵占了雷锋的家乡,雷明亮又被抓去做了挑夫,又遭到毒打,伤势更加严重,由于无钱治病,病情越来越严重,最终还是没能熬过第二年的春天。这个家庭的支柱倒塌了。

父亲死后,雷锋年仅12岁的哥哥雷正德承担起了供养全家的重任,到离家几百里外的一家机械厂当了童工,小小年纪经不住繁重劳动的折磨,也没有营养可以补充,不久就得了童子痨

(肺结核)。一天，他突然昏倒在机器旁，被轧伤了胳膊和手指，资本家不仅没有给予赔偿，反而觉得从他身上已经榨取不到什么油水，就把他解雇了。当正德伤势略有恢复，就又到一家印染作坊当了童工，由于劳累过度，肺病加重，又无钱医治，没几天就死去了。而这一年是1946年，离父亲去世仅仅一年光景。

　　随着父亲和哥哥的相继离世，家里的生活更困难了，雷锋和弟弟还小，只能靠母亲在地主家里做些洗衣、缝补之类的零活维持生计，生活的贫苦加上疾病的侵袭，没过多久，雷锋不到2岁的小弟弟也死在母亲的怀里。

　　雷锋的母亲是一个性格十分刚强的女人，乡亲们都叫她雷嫂。这个铁匠的女儿，自十几岁结婚后就一直操持着一家人的生活，亲人的相继离去令她万分悲痛。和雷锋相依为命的她也曾下定决心，不管生活多么艰难，也要把雷锋抚养成人；好为死去的亲人报仇。1947年夏天，她在地主唐四滚子家里做女工，几个月下来，不仅没能改善生活，反而受尽了地主的凌辱和迫害，在那黑暗的社会里，她看不到丝毫的光明和前途，她再也无力承担失去亲人的悲痛和现实深重的灾难，在1947年的一天夜里悬梁自尽了。

　　母亲死后，不满7岁的雷锋成了孤儿。本家的六叔奶奶看雷锋非常可怜，就收养了他，但六叔奶奶家也十分贫穷，多出一口人来，家里常常是吃了上顿没下顿。经历生活磨难的小雷锋十分懂事，总是抢着做一些力所能及的事，想给六叔奶奶家减轻负担。有一次打柴的时候，遭到地主婆的毒打，手背上被砍了三刀，从此，雷锋的手背上留下了三条伤疤。

望城县委的小雷

新中国成立后，受尽苦难的雷锋终于翻身做了主人。他参加儿童团，扛起了红缨枪，在土地改革运动中，坚决同地主恶霸做斗争，进一步认识到，只有在共产党的领导下，人民才能翻身做主人。1950年夏天，乡政府送孤儿雷锋免费读书，在旧社会，穷人的孩子上学是想都不敢想的事。而现在，雷锋也可以穿着新衣服，背着新书包和大家一起去上学了。在学校里，老师的热情关心，同学的互帮互助，都给雷锋留下了深刻的印象。崭新的学校生活，也一下子打开了雷锋求知的窗户。每天一大早，雷锋就来到学校打扫卫生，擦擦桌子、椅子，然后就用功读书写字，无论刮风下雨，他总是早去晚归，不愿意耽误一节课。

雷锋第一次走入公众视野，是在他小学六年级的时候。1955年下半年，乡里开展扫盲运动，决定把没进过学堂门的婆婆、大爷以及年轻人组织起来办夜校。消息传开，人们的积极性非常高，报名非常踊跃，但是物色不到合适的老师。雷锋听到乡里要办夜校的消息后，想到自己能进学校学习多亏了党和毛主席，现在乡里办夜校，应该把自己所学的知识传播给每一位乡亲。他就和同学们商量："我们晚上帮助社里办夜校好不好？"

"我们？"同学们听了都感到十分诧异，因为上夜校的都是

成年人,而他们只是十几岁的小孩子,让小孩子去教成年人,这怎么可以呢?但雷锋并不灰心,他说:"是党和国家送我们去上学,让我们接受教育,现在社会需要我们,我们当然需要站出来,而且这事我们能做,一定要争取去做。"

夜校办起来了,教室就设在一户人家的堂屋内。"学生"都是旧社会没有上过学的小伙子、大姑娘,甚至还有一些婆婆、大爷,"老师"则是一些像雷锋这么大的"小学生"。但雷锋丝毫没有觉得这有什么不妥,他每天放学回来,吃过晚饭就往夜校跑,催促那些比自己大很多的"学生"来上课、写作业,刚开始的时候夜校没有教材,雷锋就和小伙伴一起想办法,他们把农村常用字、农村俗语编成了顺口溜,如"钟二叔打车子,一车二百斤"啦,"李婶插田,二天两亩"啦,"白菜萝卜,扁豆黄瓜"啦。这样的教材和教法,很受夜校学员的欢迎。雷锋也成了夜校出色的"小先生",乡亲们都称赞:"庚伢子这位小先生还真能干哩!"

在雷锋的耐心教导下,乡亲们都学会了写"毛主席万岁"这几个字。雷锋看着乡亲们写的字,露出了满意的笑容,他领略到了夜校教书的光荣,感受到了乡亲们的信赖,也感受到了付出所带来的快乐,这种追求也一直伴随着他光辉的一生。

1956年9月,刚从荷叶坝小学毕业的雷锋,就进入乡政府当了一名通信员,当时正赶上秋收准备工作,整个乡政府一片繁忙,到处缺人手。雷锋每天除了完成通信员的本职工作以外,还主动帮助别人搞秋收准备工作。在他眼里,到处都是干不完的活,他帮这个搞统计,帮那个做报表,总是争着、抢着去干活。秋收工作结束后,由于他工作勤勤恳恳,积极主动,又被推荐到中共望城县委当了一名公务员。

雷锋成为公务员之后，简直把单位当成家一样。一开始，县委办公室只分配他负责打扫县委书记的办公室、会议室的卫生和打开水。可是雷锋连同其他办公室、会议室的卫生以及打开水的活都包在自己身上，同时还坚持天天打扫办公楼、楼上楼下走廊的卫生。

后来雷锋的工作内容又增加了，除了打扫卫生，还负责机关的门卫工作，床铺就在招待所的传达室内。16岁的雷锋由于个子矮，圆圆的脸上还露着稚气，整天像个孩子一样。但他待人热情，手脚也勤快，每天总是乐呵呵的，大家都很喜欢他，亲切地称他为"小雷"。

1957年，在治沩工程指挥部担任通讯员的雷锋，又一次让自己的名字为大家所熟知。流经望城县西北的沩水河，是湘江的一条支流。新中国成立前，洪水上涨，泛滥成灾，给沿河靖港、乌山一带的人民带来很多灾难。1957年10月，中共望城县委和望城县人民委员会做出"关于整治沩水尾闾洪道及围垦团山湖的决定"。雷锋被抽调到治沩工程指挥部担任通信员，雷锋到了治沩工程指挥部，工作十分积极，在出色完成通信员分内工作的同时，还挤出时间去干分外工作，如参加挖土、挑土等劳动。

治沩工程开工不久，正好赶上连雨天，沩水水位不断上涨，而堆积在工地上的器材，随时有被洪水冲走的危险。有一天晚上，工程指挥部紧急动员机关干部和大家一起，冒雨抢救被洪水冲散的器材。雷锋本来被安排留在指挥部，但一想到国家的财产正在遭受洪水的威胁，雷锋再也坐不住了，冒着大雨向停放器材的工地跑去。此时，洪水已经冲出河岸，淹没了道路，不少地方已经有了很深的积水。雷锋奋不顾身地跳入水中，和大家一起投

入到抢救国家财产的战斗当中,哪里有需要就往哪里跑,哪里有危险就往哪里去,一直坚持到将全部器材转移到安全的地方,他才离开。

治沩工程结束后,由于雷锋工作成绩突出,尤其是在冒雨抢救器材时所表现出来的勇敢和奋不顾身精神,受到指挥部领导的重点表扬。

团山湖农场的"雷正兴"

1958年春天,望城县委决定在团山湖一带开办一个农场,团县委号召全县青少年积极捐款,争取捐献一台拖拉机给农场做献礼。雷锋积极响应号召,拿出自己省吃俭用节约下来的20元钱,全部捐了出去。在这次捐款活动中,雷锋是全县青少年中捐款最多的,县委领导听说后非常高兴,批准雷锋到农场去做一名拖拉机手。

雷锋来到农场后,白天跟着师傅专心地学习、请教操作拖拉机的方法和技巧。收车后,他还不愿意离开拖拉机,一个人坐在驾驶座上进行模拟操作,把白天跟师傅学习的动作和要领复习很多遍,直到全部熟练地完成整套操作动作,才依依不舍地从拖拉机上下来。晚上,他还找来有关拖拉机的机械原理、维修方法和驾驶技巧方面的书独自钻研。

仅仅过了一个星期,雷锋就学会了开拖拉机。每天,他都开着拖拉机奔驰在农场上,每天晚上收车后,他都要把拖拉机擦拭得干干净净。那段时间,雷锋除了睡觉,几乎都跟拖拉机待在一起,拖拉机就像他最知心的伙伴一样。

夏天,几场暴雨过后,河水暴涨,农场到处是积水,淹没了大部分土地和庄稼。有一天下午,雷锋正和同志们一起冒着狂风

暴雨抢险，忽然听到有人高喊："停机场进水啦！"雷锋想着拖拉机可能会被洪水淹没，于是他立即放下工具，向停机场冲去。他来到拖拉机旁，大水已漫到车轮边，雷锋忙跳上驾驶座位，把拖拉机开上高地，接着又迅速冲回停机场，找来一块大油布，将拖拉机严严实实地盖好，又跑去抢险排涝。

为了防止积水继续上涨淹没拖拉机，整整一夜，雷锋一直守护着拖拉机，和拖拉机做伴，幸运的是洪水没有继续上涨。第二天早上，天放晴了，农场保住了！拖拉机也保住了！雷锋看着身边的拖拉机和远处的田野，心里别提多高兴了。

他用油纱把拖拉机上的泥水仔细揩掉，又从工具袋中拿出钳子、扳子，把整个机件检查了一遍。直到觉得拖拉机一点也没有损坏，才放心回到住所吃早饭。吃完早饭，雷锋一刻也没有休息，将拖拉机开到场部加油。同志们看见他那充满血丝的眼睛，都关心地说："正兴，你熬了一夜，快去休息休息吧！"雷锋笑笑说："昨天晚上我已经在拖拉机上休息过了。"说着，他开动拖拉机，又开始了新一天的工作。

就这样，雷锋开着拖拉机日夜奔忙，春耕、播种、运输，刚刚开垦的团山湖农场到处都有雷锋的身影，他像一台不知疲倦的永动机，时时刻刻都在为社会主义建设作着贡献。看着团山湖农场慢慢由荒山变成了漫山遍野的农田，雷锋心里有说不完的喜悦。他情不自禁地写下了美好的诗篇《南来的燕子啊》（1958年8月1日）。

南来的燕子啊

南来的燕子啊！
新来的候鸟，
从北方飞到了南方。
轻盈地掠过团山湖的上空，
闪着惊异的眼光。
我听清了呢喃的燕语，
像在问："为什么荒芜的团山湖，
今年改变了模样？"

南来的燕子啊！
让我告诉你吧，
团山湖这片未开垦的处女地，
是由于党的巨大的力量，
才围垦成一个新的农场。
是他们——农场的工人们，
用勤劳的双手，
给团山湖换上了新装。

南来的燕子啊！
也许母燕曾向你说过旧时的形象。
往日的团山湖——
湖草丛生，满目荒凉，

洪水一到,一片汪洋。
十年前有人三次收款,三饱私囊,
围垦团山湖只是一个梦想。
如今的团山湖啊——
良田万顷,满垄金黄,
微风吹过一片稻香。
新修的长堤像铁壁铜墙,
洪水已再不能称凶逞狂。
红旗插在社会主义的农场,
到处是谷满仓、鱼满舱,
祖国又添了一个"鱼米之乡"。

南来的燕子啊!
你可不用惊呆。
不是晴天里响起了春雷,
而是拖拉机在隆隆地开;
不是沟渠里的水能倒流,
而是抽水机在把积水排。
为什么草坪上格外喧腾?
那是饲养员在牧马放牛!
南来的燕子啊!
你是这样轻快地飞翔,
许是欣赏这美丽的景象:
蜿蜒的八曲河像一条白银管,
灌溉这片肥沃的土地,

团山湖与乌山对峙，
是天生成的一幅屏障。
这景象是诗情也是画意，
活跃在这诗画般怀抱里的工人，
更是些生龙活虎般的健将。
有的是双手拿惯了锄头，
有的是才放下笔杆才放下枪。
他们豪迈地这样说：
这是一所新的国营农场，
也是一所露天工厂，
还是一个培养红透专深人才的学堂。
……

南来的燕子啊！
你不用再寻旧时代的屋梁，
无论你飞到哪里，
再也找不着你从前住过的地方。
去年这里是荒凉的地方，
今年变成了高大的厂房，
欢迎你到新的农场宿舍来拜访。
但得请你告诉我，
你可知道你所飞过的地方，
……
新建了多少这样的农场？

——1958年于团山湖农场

改名"雷锋"赴鞍钢

1958年，正是全国大炼钢铁的一年，作为新中国重工业基地的鞍钢，也开始在全国各地招收工人，扩大生产规模。9月，鞍山钢铁公司派人到望城县招收青年工人。招工小组住在县招待所，雷锋从在招待所当服务员的好朋友张建文那里听到消息，便立即决定和张建文一起报名，去做一名钢铁工人，争取为社会主义建设做出更大贡献。并向县委和团山湖农场领导提出了申请，尽管为了支援国家建设，发展钢铁生产，县委积极支持知识青年到鞍钢去大显身手，但是作为农场刚刚培养出来的拖拉机手、工作中的模范，农场领导还是舍不得放雷锋走，最后见雷锋的态度坚决，才依依不舍地允许雷锋去报名。

填写报名表格时，雷锋第一次在姓名栏里写下"雷锋"两个字。和他一起的张建文十分纳闷："你写的这是谁的名字？""我的呀！'雷正兴'是个孤儿的名字，我早已不是孤儿了……这个'锋'字，我想了又想，是用山峰的'峰'，还是用冲锋的'锋'，现在想好了，决心到鞍钢去打个冲锋！"雷锋说。就这样，湖南的雷正兴变成了东北的雷锋，他改名的时候，可能根本没有想到，就是他的这一决定，让"雷锋"这个名字响彻中华大地。

在告别家乡之前，雷锋特意找了几个伙伴，怀着崇敬的心情专程去韶山瞻仰了毛主席的故居。他仔细观看实物，认真听着介绍，表示要牢记毛主席教导，永远做个有益于人民的人。这是雷锋第一次这么近距离地接触到有关毛主席的事物，在他后来的日记中，雷锋曾无数次记录下他学习毛主席著作、聆听毛主席教诲、争做毛主席的好战士的事迹、思想和决心。

雷锋从湖南出发，一路北上，途经武汉和北京时，都有短暂的停留，他也利用这短暂的时间，到武汉长江大桥和北京天安门前游览，留下了珍贵的照片。可以说，雷锋的这一路都是在激动和兴奋中度过的，他小学毕业时的3个梦想中，做一个好农民的梦想已经实现了，现在，他的第二个梦想——做一个好工人，马上也要实现了，这叫他怎能不感到骄傲和自豪？

小个子开大推土机

雷锋到了鞍钢，立刻就被鞍钢宏伟的建筑、高大的厂房、耸入云霄的烟囱、四通八达的运输线，还有在红彤彤的钢炉前干得热火朝天的工人们震撼了。雷锋恨不得也立即投身到炼钢工作中去。

但让雷锋失望的是，在分配工种的时候，一心想当炼钢工人的雷锋被分到了化工总厂的洗煤车间，雷锋也直接表达了自己的愿望和不解："我是来炼钢的，为什么把我分配到洗煤车间来？"

车间的老同志告诉他："炼钢是一个复杂的过程，需要经过很多过程和步骤，需要很多人的配合才能完成。比如说咱们洗煤车间，如果我们每天不把大量的煤炼成焦炭，炼铁厂的高炉就炼不出铁来，如果不把炼焦时生产的煤气输送到炼钢厂去，他们也炼不出钢来。所以，咱们的工作对炼钢起着重要的作用，干好现在的工作，就是对国家的炼钢事业最大的支持。"听到这里，雷锋的心一下子就敞亮了，他高兴地接受了组织分配的当推土机手的安排。

在分配推土机的时候，值班主任考虑到雷锋个子比较小，就给他安排了小号的推土机，但雷锋不干。"到最危险的地方去，到任务最重的地方去，到挑战最大的地方去"是雷锋一贯的态度和做法，所以他主动要求开大号的推土机。尽管开大号的推土机比较吃力，但雷锋为了多干活，这样的困难对他来说根本不算什么。

就这样，像当初学开拖拉机一样，雷锋迎着越来越冷的寒冬天气，开始学习操作推土机的技术。每天他都提前上班，做好准备工作，等师傅一到，立即就能作业。师傅开车的时候，他站在一旁留心观察，琢磨着开推土机和开拖拉机有哪些不同，又有哪些相同。一列车煤推完了，新的煤车还没开来，他就坐在驾驶座上一招一式地请教师傅。每当钳工来检修推土机时，雷锋都不放过这个难得的学习机会，通过帮助钳工检修机器，进一步熟悉推土机的构造、各种部件的性能，以及拆卸安装的技术。

雷锋很快就能单独操作推土机了。他把一列列火车运来的煤推成堆，然后送到炼焦车间炼焦炭、造煤气，供应冶铁、炼钢用。但是他驾驶的八十号推土机，机头很高，由于他个子矮小，坐着开车很困难，看不到前面的大铲子，站起来开车，车棚盖又碰脑袋，所以他不得不常常猫着腰干。值班主任见他开大车子实在是太吃力了，就想给他换个小车子，好稳稳当当地坐着开。可是，值班主任磨破了嘴皮，他也不肯换。

"这点困难我能克服，"他说，"开小车子干活慢，我有十分力决不使九分九。"

"有十分力决不使九分九"，雷锋在湖南的时候是这样，到了东北更是这样。怀着对新生活的向往，他总是想尽一切办法多作一些工作，用尽一切力气来为社会多做贡献。他总觉得，自己的一切都是党和人民给的，自己当然要用自己的一切来回报党和人民。雷锋是这么想的，也是这么做的，所以几乎在他工作的每一

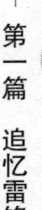

个地方，雷锋的行为总是引起人们的关注。

　　值班主任打心眼儿里佩服这个倔强的小伙子，也为他干活时那种拼命精神所感动。在交接班会上，值班主任特别表扬了他不怕困难、勇挑重担的工作精神，号召同志们向他学习。很快，几乎整个化工总厂都知道了厂里有一个干活拼命、开着大号推土机的小个子。

雨夜抢救水泥

1959年夏天，鞍山钢铁公司决定在弓长岭矿山新建一座焦化厂，要调一些人到那里去参加基本建设。领导在做动员时，除了讲明建设这座新厂对于发展钢铁生产的重要意义外，也讲明那里是大山沟，条件较差，环境很艰苦。雷锋第一个报了名："艰苦点怕什么，我去！"就这样，刚到鞍钢的雷锋就表现出他独有的积极、热情、主动，总是争着、抢着干最苦、最累的活，争着到条件最艰苦的地方去，受到领导和工友的一致称赞。如果说这些还只是让雷锋在小范围内产生影响的话，那么雨夜抢救水泥则将雷锋第一次推到了公众面前。因为几天之后，《辽阳日报》就报道了抢救水泥这件事，表扬雷锋舍己为公的事迹。

来到弓长岭之前，雷锋已经是厂里有名的积极分子，他是矿山的先进工作者，在市里开过青年建设积极分子大会。新建的焦化厂工地，在弓长岭偏僻的山脚下。刚来到这里，一切都得白手起家。工人宿舍还没有盖起来，大家暂时住在破旧的土房里，又漏雨，又透风。食堂是临时搭的大席棚，厨房是露天灶，走的是坑洼不平的山路，吃水和用水都要到离工地两里路远的村子里去挑。这里的工作、生活条件与鞍钢相比，真是差得太远了。但雷锋从来没有过一句怨言。

那时候,雷锋每天总是早早地起床,第一个到工地,如果谁比他到得早了,他就会略显沮丧,第二天他会到得更早。在劳动时,他总是挑最脏、最累的活干。

白天,雷锋和大家一样,都在工地上干活,晚上,大多数的工人围在宿舍打牌、下棋、抽烟,或者干脆早早就睡觉了,但雷锋还会抽出时间去读书。有一天晚上,雷锋像往常一样到车间的调度室去读书,忽然外面下起了大雨。雷锋听到调度员正在着急地说:"工地上还有6车皮水泥没卸下来,遭雨淋,就要变质,得赶快叫人抢救。"

雷锋一听,吃了一惊,水泥是国家财产,决不能让它受到损失。他马上顶风冒雨,急匆匆地跑回宿舍,撞开宿舍的门大声喊道:"同志们哪,工地上还有水泥没卸车呢!叫大雨淋着就报废了,咱们快去抢救水泥呀!"

说完就跑了出去。

宿舍里的工人们愣了一下,忙扔下手中的牌,也都跟着起身,找雨衣,拿雨布,追着雷锋一路小跑来到了工地。

工地上很乱,大伙用苫布盖住一部分水泥,苫布不够了,就脱下身上的雨衣盖到水泥上。但水泥太多,大家的这点雨衣根本盖不了多少。看着更多的水泥正在遭受大雨的冲刷,大家都有点为难,不知道该怎么办才好。这时候,听见雷锋在雨中喊,动员大家再去找些席子来,盖在水泥上面。

就这样,20多个小伙子在雷锋的指挥下,分头找来了雨布、席子,可最后还是不够,雷锋竟然跑回宿舍,拿出一床蓝花被子盖在了水泥上。

最终所有的水泥都保住了,但在11月的东北天气里,雷锋却没有被子来为自己取暖了。关于这件事，雷锋在日记中是这么描述的：

11月14日

今天，我感到特别的高兴。一天紧张工作过后，一点儿也不觉得疲劳，我感到浑身是劲，深夜了，我还坐在车间调度室里，看一本学习毛泽东同志的思想方法和工作方法的书，真使我看得入了迷，越看越使我感到毛主席的英明和伟大。

深夜11点钟了，走出门外，天黑得伸手不见五指，这时突然下起雨来了。陈调度员说，我们建筑焦炉工地上，还散放着7200袋水泥。陈调度员急得一时手足无措。……雨越下越大，这时，我猛然想到了党的教导，要我们爱护国家财产，又想到了我是一个共青团员。想到这些，一种无穷的力量鼓舞着我，急忙跑到工地，用自己的被子，并脱下了衣服，抢着盖在水泥上。后来，我又跑到宿舍，发动了20多个小伙子，组织了一个抢救水泥的突击队。有的忙着找雨布，有的忙着找芦席，盖的盖，抬的抬，经过一场紧张的战斗，避免了国家的财产受到重大的损失。

这时，我才松了一口气。抹掉了头上的汗，带着乐观的心情，昂首阔步回到了宿舍，回忆自己为国家、为党做的一点点工作而高兴。

雷锋在焦化厂工地只工作了5个月，加上在鞍钢化工总厂的时间，总共只有1年零2个月，他3次被评为先进生产者，18次被评为标兵，5次被评为红旗手，荣获青年社会主义建设积极分

子称号。面对这么多的荣誉，雷锋没有表现出丝毫的骄傲和满足，他在日记中这样写道：

一滴水只有放进大海里才能永远不干，一个人只有当他把自己和集体事业融合在一起的时候，才能有力量。力量从团结来，智慧从劳动来，行动从思想来，荣誉从集体来。我要永远戒骄戒躁，不断前进。

我要去参军

参军是雷锋生命中最为重要的一个选择,因为正是在军队这个大熔炉里,雷锋找到了最适合自己的位置,将自己最宝贵的青春年华奉献给了党、部队和人民。

实际上,雷锋参军还有一段颇为波折的经历。关于这一段,和雷锋一起报名参军并和雷锋在一个班当兵的乔安山是这么回忆的:

还是在弓长岭矿场的时候,记得有一次,我和雷锋到十里地外的地方看《智取华山》电影,雷锋本来就喜欢热闹,看到十里八村的村民都来了,抱着孩子,大呼小叫,可热闹了。雷锋也变得更加兴奋,拉着我不停地蹿来蹿去,满场找熟人、找更好的位置。

电影开始了,大家跟着电影上的情节一起紧张,跟着电影里的胜利一起欢呼,雷锋是笑得最大声的,巴掌拍得比谁都响。我也被他带动得挺激动,为了那些解放军战士,黑白电影的情节我现在还记得。

回工厂的路上,雷锋还是那么兴奋。他边走边学着电影里解放军战士的动作,跟我讨论着那些精彩的情节,并流露出对军营生活的向往。

其实,我也很羡慕那些解放军战士,我只是不善于像他那样去表达自己的心情。厂里有个复员兵,整天穿着件印着八一军徽的背心,爱给大家讲部队的事,每次我都凑过去听。后来我实在眼红那件背心,就用一件新衬衣跟他换了过来,背心旧了,我不太舍得穿,怕穿坏了,留着回家的时候穿给家里人看看。

说来也真巧,那次看电影后不到20天,部队就到我们弓长岭铁矿来征兵啦。1959年12月3日,全厂开了征兵动员大会,当兵,一下子成了我们厂里大伙议论的主要内容。

说实话,我也很羡慕那些军人,穿上军装,又威武又光荣。不过,能当个工人,我也很满足。那时候,能当工人在我们村也是很光荣的事,家里的爹妈都很为我骄傲。不过,我那时对正干的工作也很满意,在工厂里毕竟是学了一门手艺,将来在老家找个姑娘结婚,这也是老家人的希望,他们希望我踏踏实实地捧好这个铁饭碗。当兵,太光荣了,但好像离我有点远。

动员大会的第二天下午5点多,雷锋急匆匆地推开了我们宿舍门,张嘴就问我:"小乔,你参军不?"

说来也奇怪,听他这么一问,我想也没想,顺嘴就问:

"你去吗?"

"我当然去了。"

"好呀!你去我就去,明天我就报名!"

后来我才得知,当时雷锋已经报名了。我们矿上第一个报名的是一个叫马守华的青年工人,跟雷锋一个车间。雷锋是天不亮就去报名的,结果是第二名,他还挺懊恼的。

1959年12月22日,我们这些报名当兵的同志们在征兵干事的带领下,坐上运兵的大卡车,来到辽阳小屯征兵站体检。许多项体检项目我都是第一次做,比如医生给我量血压,我都不太明白究竟是在检测什么,那些仪器都是第一次见。

我的身体一直非常好,小时候在农村干农活,后来又当工人,总是觉得身上有使不完的劲儿,一切检查我都顺利通过了。

我越来越激动,觉得自己已经是一名光荣的解放军战士了,而且,还是和雷锋——我的好朋友在一起。我对未来的部队生活充满了向往,觉得将来一定很美好。

而就在这个时候,雷锋却遇到了麻烦。

许多写雷锋的文章都详细描述过,雷锋的身高、体重不达标成为他参军入伍的障碍。

其实我个人认为,当时的征兵,对于这些身体条件要求并没有那么严格,而且雷锋看起来就是那种身体非常健康的青年,身高体重的确是比标准差了一些,但这并不是最重要的。最重要的是,他的档案有问题——缺少原始档案。

这种事情放在今天来看,是件很简单的事:雷锋1958年来鞍钢的时候,他的原始档案没有随身带来,所以焦化厂不能为他出具政审表。组织部门已经向湖南方面进行函调了。但是在没有得到回复之前,不能出具政审表。

这对于我们那个时代的人是很要命的事。没有政审表,部队哪能同意接收呢。

直到后来,我才弄清楚,原来所谓的"档案问题",就是因为当时焦化厂不想放雷锋走,想留住这个优秀的青年,所以就找了这么个理由。但是部队也看中了雷锋的突出表现,决定一定要带他走。其实当时雷锋已经成了军、地两方"争夺"的对象了,但雷锋本人和我们都不了解其中的情况,我们都觉得,没有档案

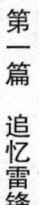

就没办法政审,那就不能参军了。

我当时很沮丧,是他动员我参军的,如果他不能和我一起到部队,那我会觉得很没意思的。

但雷锋一点都没有表现出沮丧,他只是很着急,急匆匆地从这个参谋身边跑到那个干事面前,一遍一遍地去倾诉自己想要当兵的迫切心情。他以自己的出身、对旧社会的仇恨和对新社会的感激打动了辽阳兵役局政委,政委把他介绍给当时负责接兵的参谋戴明章,在他身边当个临时通讯员。

只要给雷锋一个舞台,他就能排演出最动人的节目。当新兵们都在为光荣入伍高兴和喜悦的时候,雷锋开始发挥他的特长——感染力。早上,他比所有的人起得都早,接兵部队的人还没起床,雷锋就已经为他们摆好脸盆,倒上洗脸水,牙膏挤好在牙刷上;晚上,他为劳累了一天的接兵部队首长们打来热气腾腾的洗脚水。尽管雷锋还不知道自己最后能不能入伍,却做起了宣传教育的工作。他逢人就讲应征入伍的重要性和自己一定要当兵的决心,很多城市来的新兵们还不太适应即将开始的军营生活,想家、怕吃苦的情绪很普遍,雷锋这一宣传,对新兵的情绪稳定工作起到了很好的效果。接兵部队的首长们对雷锋的工作也很满意。

我们新兵的军装很快就发下来了,我迫不及待地换上新军装。当时住的临时宿舍里没有镜子,我低头看着自己的军装,一个劲地摸着,心里很激动,正巧被雷锋看见,他还穿着来时的皮夹克,本来很神气的深色皮夹克,此时却显得不那么神气了。

我从来没有看到过雷锋这样低落,我心里也很难受,不知怎么才能安慰他。看着我的军装,雷锋也没有说话。

如愿穿上了军装（张峻摄）

第一篇　追忆雷锋

后来,他终于如愿穿上了军装,虽然有点肥大,袖子也很长,他却表现得兴高采烈,显得有点滑稽,把我们都逗笑了。

其实我早就意识到,雷锋对自己的要求,跟我们是不一样的。我对自己的要求是,生产上咱绝对不能落后,不能给集体拖后腿。但雷锋报名参军排了个第二名,他都是要懊恼的。他阶级立场坚定,政治思想好,又是那么的积极要求进步,他一定能成为最优秀的军人!

其实,雷锋当兵的愿望在9岁时就有了,当时受到一个路过自己家乡的解放军连长的影响,在小学毕业的时候,雷锋也曾表达过他的第三个理想:做一名好战士。而为了响应参军号召,雷锋不但积极主动去报名,而且还写下了一篇文章,发表在报纸上,来表示自己的决心:

我决心应召

12月3日,当我听到车间总支李书记的关于五九年征兵的报告后,我激动得一时一刻都没有平静。深夜了,我怎么也睡不着觉,便从床上爬起来,跑到了车间办公室,叫醒了已睡熟的李书记,我问他,我能不能入伍呀!李书记笑着回答说:"能呀。像你这样身强力壮的小伙子,参加人民解放军是顶呱呱的哩。"他从头到脚仔细地看了我一下说:"哎呀,小雷怎么没棉衣呀!下这么大的雪,不冷吗?"这时我才觉得穿一套单衣有点寒冷,李书记把棉衣披在了我的身上。回到了宿舍,我还是不想睡觉,坐在条桌旁边写我入伍的申请书和决心书。

第二天一早，我想到车间去报头一名，天还没亮，哪知道回收工段适龄青年马守华同志比我更早，头一名让他得去了，真想不到我报的还是第二名。

　　参军！是我从小就有的愿望，人民解放军不仅是一个革命团结友爱的大家庭，而且还是个培养青年的革命大学校。现在我的愿望就要实现了，怎么叫我不高兴呢。

　　当我在入伍簿子上写到我要坚决"参军"二字时，一段辛酸的回忆涌上了我的心头：

　　我出生在一个很贫穷的农民家庭……过着非人的生活。那时候我虽年纪小，对那些要命的野兽般的帝国主义和黑暗的社会是多么的入骨的痛恨。

　　那时我真想：要是有亲人来搭救我，我一定要拿起枪，粉碎那些狗豺狼！为爹妈报仇。

　　光明伟大的党啊！您挽救了我，给我吃的、穿的，还送我念书，高小毕了业，进入初中，戴上了红领巾，加入了光荣的共青团，参加到了祖国的工业建设中，一天天地成长起来。

　　伟大的党啊！您是我慈祥的母亲，要是没有您我很难想象到自己的一切。今天您需要我，我一定挺身而出，不怕牺牲和一切困难，永远忠于党、忠于人民，继承长辈优良的革命传统，为建设现代化的强大的国防军，为保卫社会主义建设，保卫世界和平，我要把自己可爱的青春献给祖国最壮丽的事业！作一个真正的共产主义革命战士，粉碎帝国主义！早日解放台湾。

　　　　　　　　　　　　　　焦化车间工人——雷锋

　　　　　　（1959年12月9日发表于弓长岭矿《矿报》）

当兵第一天

在雷锋身上,总是会有很多"意外"的事情发生,比如说他放弃公务员的职位,到农场当一名拖拉机手;比如他放弃在湖南的优越条件,来到冰天雪地的东北鞍钢当一名炼钢工人;比如他以小小的个子,却开最大号的推土机。比这还"意外"的是,雷锋在参军的过程中遇到了一些波折,最后是以先编入预备队的身份进入部队的,但就是在这种情况下,他竟然能作为380多名新兵的代表在新兵大会上发言。没有意外的是,和每次一样,雷锋又一次在刚刚进入一个新的环境时,就显出了他的独特,让包括团领导在内的所有人认识了雷锋,记住了雷锋。

在载着新兵的火车上,大家都感到十分的新鲜和激动,不少新兵流露出明显的想家情绪,甚至哭哭啼啼的。而这时,雷锋则充分发挥自己曾经是宣传员的特长,组织大家唱歌、联欢,把气氛搞得很热烈,他甚至还考虑到接兵部队的领导因为工作辛苦、睡眠不好,通过找列车长专门把接兵部队的领导安排到其他卧铺车厢去休息。

扛起枪杆,走上保卫祖国的战斗岗位(张峻摄)

在团部召开的"欢迎新战友入伍大会"上,雷锋作为新兵代表上台发言。团首长首先做了讲话,接着是老战士代表发言,很快就轮到雷锋发言了。雷锋走上讲台,首先向大家敬了一个刚刚

学会的军礼,然后就掏出演讲稿开始演讲:"敬爱的首长和全体老大哥们,让我代表新兵战士……"但一句话没讲完,一阵大风吹来把他的演讲稿弄乱了。那天的风特别大,欢迎新兵大会又是在操场上举行的。雷锋急忙用冻得发抖的手将演讲稿抚平,可没讲两句,风又把演讲稿吹乱了。虽没有了演讲稿,他讲得却更加流利:"我们新战士能在60年代开门红的日子里穿上军装,扛起枪杆,走上保卫祖国的战斗岗位,感到非常光荣,非常高兴。""我们来自祖国的四面八方,有的是工人,有的是社员,有的是学生。可是,我们只有一个心眼,学好本领,保卫祖国,当个像样的兵,决心做人民的好战士!"

发言一结束,台下立即响起了热烈的掌声,大家都被这个有着浓浓湖南口音的小伙子吸引住了,连主席台上的团领导也站起来鼓掌,向他表示祝贺。

新兵第一课

在雷锋生前的照片中，有一张战友辅导雷锋练投掷手榴弹的照片，这是当时的雷锋所在团摄影员季增抓拍的。季增后来说起这张照片的来历时说，当时团里已经有人在谈论雷锋苦练投弹的事情了。他听说后立即拿上相机，跑到运输连，雷锋刚吃过午饭，正在操场上练习。他看到小战士雷锋那么刻苦地训练，也赞赏地上前去拍了一下雷锋的肩膀，雷锋疼得叫了起来，他这才发现雷锋刻苦训练留下的"痕迹"。

季增非常感动，他了解了一下情况，就拍摄了老战士惠连生辅导雷锋投掷手榴弹的照片。

随后又拍摄了雷锋练习双杠的照片。

雷锋在练习投掷手榴弹时，却碰到了不小的麻烦。

投弹训练对一些身强力壮的大个子来说，即使不用练也能达到投掷的标准要求。但雷锋个子比较矮，力气也不算大，因此投弹这个项目对他来说难度很大，每次到他投弹时不是投不远就是偏离目标，常常不及格。当时雷锋非常着急，吃不下饭，睡不好觉。

有人劝他不用着急，慢慢练习就会投远的。再说，咱们运输兵即使投弹不及格也没关系，反正咱们的任务是开车。

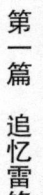

雷锋一听这话就急了："我是一名解放军战士，连一颗手榴弹都投不远，怎么能上前线打敌人，又怎么能谈得上保卫党、保卫国家呢？"

雷锋真是越急越练，越练越急，甚至越练投掷的距离越近了。这时候不少老兵都听说了雷锋苦练投掷手榴弹的事，就告诉他，投弹不能光练一个"投"的动作，要增加臂力，要练习更多的项目。

此后他就经常利用空闲时间到操场上自己练习，为了增加臂力，他练起了单杠、双杠，经常在操场上自己一个人从这头跑到那头，又从那头跑到这头，反复不停地练习，有时候，半夜里也会穿上衣服跑到操场上练习投弹。那段时间他真是像着了魔一样，时刻不停，胳膊都累肿了。

经过一个多月的苦练，功夫不负有心人，雷锋掌握了投掷要领，在投弹科目结束考核时，他的投弹不仅达到了要求，还取得了很好的成绩。雷锋在后来的日记中写下了这段经历：

我入伍时，不会投手榴弹，拿着假手榴弹还心惊肉跳，每次只能投十来米远。首长和战友给我讲"要领"，班长还把着我的手教，使我投弹取得优秀成绩……

新兵荣立三等功

　　1960年7月，辽宁很多地方都遭遇了洪水的灾害，抚顺地区也下了大雨。当时部队接到命令，全团停工，到郊区水库抗洪抢险，保卫煤都，运输连的任务是为镰刀湾水库泄洪。

　　那一天雷锋正患重感冒，发高烧，连里领导就安排他在连里值班。

　　可是到了水库挖溢洪道的时候，大家又看到了那个熟悉的身影，他正挥舞着锄头卖力地挖着。当时大家都很奇怪，他不是生病在家么，怎么又跑出来了？直到后来连里给他记"三等功"时大家才知道，连里本来是让他在家休息、值班的，但是雷锋不干，追着集合队伍就要上车，车都开动了，他还抓着卡车车厢跑，没办法，战友们就把他拽了上来。

　　在镰刀湾水库边上，眼看洪水要把水库淹没，时刻有决堤的危险，根据现场指挥的命令，战士们立即在水库一边挖泄洪道。但由于水位上升，水库岸边泥草交杂，铁锹用起来很困难。雷锋干脆就直接用手挖，他跟战士们一起，挖了一夜溢洪道，手指都磨破了，最后昏倒在现场。连里干部让卫生员把他搀扶到附近老乡家里休息，结果他醒来后又偷偷跑回抢险现场，在水库奋战了七天七夜，终于战胜了洪水，他却再次病倒了。

水库保住了，农田和村庄保住了……雷锋的事迹在全团和整个工程兵部队传开来。

关于这件事，雷锋在日记中是这样记录的：

暴雨一连下了几天，抚顺地区的洪水不断上涨。8月3日那天，我们连接到上级命令：到郊外上寺水库去抗洪抢险。当时，我身体不好，连长让我在家执勤。我讲了价钱："在这种时候，不能把我留在家里！"我和全连同志到了水库，连夜开掘溢洪道，团长、政委和我们一起战斗在溢洪道中。雨下得很大，堤坝不断塌方，大家挥舞锹镐越干越欢，什么苦呀，累呀，全不在话下，只想到保住水库就是保住了煤都。一不小心，我手中的锹被塌下的土方打掉了，天黑雨大没找见。我只好用手当锹挖泥，手指挖破了皮，但当我看到左手腕上的伤疤，又想起了过去的苦，心想今天为了保卫人民生命财产不受损失，手指破点皮算得了什么，我继续干。连长见我用手挖，就让我搞宣传鼓动工作。于是我马上收集连里的好人好事，进行口头广播，带领大家唱歌、喊口号，溢洪道里活跃起来了，大家顶风冒雨越干越欢。一连干了4天，我病倒了，晕倒在堤坝上。同志们把我扶到一个老乡的炕上，越想心里越不是滋味。外面的暴风雨撕裂了我的心，我要上工去，卫生员又不让。从挎包里拿出日记本，翻开第一页，我一眼看见了战斗英雄黄继光的像，他的眼睛盯着我，仿佛在说：雷锋啊，雷锋！在这种时候你能躺在老乡家里休息吗？一种力量鼓舞着我，我用黄继光的英雄事迹说服了卫生员，又跑到水库工地上去了……

伟大的党啊，我慈祥的母亲，我所有的一切都是属于您的。

我要永远做您忠实的儿子，做人民的勤务员。为了党和人民的事业，哪怕高山、大海、巨川，就是头断骨粉，也身红心赤，永远不变。

可以看出，在雷锋的思想里，国家和人民的利益高于一切，党始终是他精神的重要支柱，对党的热诚和向往引导他一路向前，他也离党组织越来越近了。

一心向着党

在雷锋从旧社会走向新生活的过程中,党给他留下了最为深刻的印象。他始终记得,是因为有了党的正确领导,才有了新中国,才有了人民当家做主人。自己能够有上学的机会,有工作的机会,也是党赋予的。所以,在雷锋的心中,党始终占据着最重要的位置。在雷锋的日记里,他无数次地提到了党,提到了他希望加入中国共产党的强烈愿望。在一次日记中,他这样写道:

敬爱的党:

我在党的正确领导下,通过这次轰轰烈烈的社会主义教育运动,提高了我的政治觉悟,在思想上划清了两条道路的阶级界限,树立了无产阶级革命人生观,站稳了立场,端正了服役态度,树立全心全意为人民服务的革命志气。我表示坚决保卫总路线,大跃进,人民公社……为了以实际行动来迎接1960年的新任务,我特向党提出如下保证:

1. 听党的话,加强政治学习,多看报纸和政治书籍,积极参加党的各项运动,认真执行和宣传党的政策。

2. 继续努力,不怕困难,虚心学习,刻苦钻研,争分夺秒,保证争取政、军、文、体各科学习全年满堂红。

3. 搞好团结,发扬阶级友爱的精神。

4. 发扬敢想、敢说、敢干的共产主义风格……大鼓干劲，高举三面红旗，乘胜前进。

1960年10月，在入伍仅9个月的时候，雷锋就正式向党组织提交了自己的入党申请书，表达了自己希望入党的强烈愿望。党支部经过研究认为，雷锋出身贫苦，爱憎分明，对同志和人民有着极深的阶级感情，入党动机纯洁，但考虑到雷锋入伍的时间还很短，如果再经过一段时间的培养教育，会更大地鼓励雷锋同志入党的积极性，到时再履行入党手续也不迟。

但很快党支部就接到了团党委韩政委打来的电话，希望党支部抓紧考虑此事，只要入党条件符合，不要过多地强调入伍时间问题。一个普通士兵的入党问题，能够得到团党委书记的直接关注和指示，这本身就是一件值得关注的事情。

雷锋在部队里艰苦奋斗、勤俭节约的事迹已经广泛传播，全团都知道了有一个小个子士兵处处争先、事事创优，政治处也经常接到灾区和人民公社写来的感谢雷锋为灾区和人民公社捐款和义务劳动的表彰信。政治处感到这是一个很值得学习的典型，于是就向团党委做了专门汇报。团党委决定，把雷锋树立为全团的节约标兵，号召全团指战员向雷锋学习。为此，政治处还专门编写、整理了一份雷锋同志模范事迹材料，印发到各连党支部组织学习。

团党委树立雷锋为艰苦奋斗、勤俭节约标兵后，雷锋更加严格要求自己，不断地锻炼和改造自己。工作中，他更加努力，总是力争把一切工作做到最好；生活中，他积极关心战友，辅导战友学习功课，偷偷给家庭贫困的战友家里寄去自己省吃俭用节省下来的津贴；思想上，他更是利用一切时间学习毛泽东著作。在

雷锋留下的照片中,有一组他坐在解放车驾驶室里学习毛选的照片,十分抢眼。据当时的摄影记者回忆,尽管这是一组摆拍的照片,但确实真实反映了雷锋认真学习毛选的情景。那时,几乎每一个中午,雷锋都是这样度过的。

学习毛主席著作(张峻摄)

1960 年 11 月初，沈阳军区准备召开首届共青团代表会议，特意指名雷锋为特邀代表，催要雷锋的简历。雷锋作为特邀代表，团部的领导和同志们都希望他能以党员的身份出席军区团代会。在工程兵组织处的督促下，11 月 8 日，雷锋所在团的支部大会专门召开临时会议，24 名党员到会了 18 名，都同意雷锋入党，其他因故未能参加的 6 名党员也在第二天征求意见时表示同意，支部将这个情况汇报给了团党委。在临时召开的党委扩大会上，议题只有一项：讨论批准雷锋入党。就这样，在入伍整整 10 个月的时候，雷锋终于正式加入了自己梦寐以求的中国共产党。

　　当高指导员将这个消息告诉雷锋的时候，雷锋再也掩饰不住自己内心的激动，对于一个一心向着党，一直立志为党奋斗终生的革命战士来说，这是多么庄严神圣的时刻，这是一个多么让人难以忘怀的日子。这一天，雷锋也怀着激动的心情，向党和人民立下了庄重的誓言：

　　1960 年 11 月 8 日，是我永远不能忘记的日子。今天，我光荣地加入了伟大的中国共产党，实现了自己最崇高的理想。

　　激动的心啊！一时一刻都没有平静。伟大的党啊！英明的毛主席！有了您，才有了我的新生命。我在九死一生的火坑中挣扎和盼望光明的时刻，您把我拯救出来，给我吃的，穿的，还送我上学念书。我念完了高小，戴上了红领巾，加入了光荣的共青团，参加了祖国的工业建设，又走上了保卫祖国的战斗岗位。在您的不断培养和教育下，我从一个穷孩子，成长为一个有一定知识和觉悟的共产党员。

　　伟大的党啊，您是我慈祥的母亲，我所有的一切都是属于您

的，我要永远听您的话，在您的身下尽忠效力，永做您忠实的儿子。

今天我入了党，使我变得更加坚强，思想和眼界变得更加开阔和远大。我是一个共产党员，人民的勤务员，为了全人类的自由、解放、幸福，哪怕高山、大海、巨川，为了党和人民的事业，就是入火海进刀山，我甘心情愿，头断骨粉，身红心赤，永远不变。

——1960年11月8日

忆苦思甜

如果说雷锋的艰苦奋斗、勤俭节约、助人为乐还只是让他在连里及团里出名的话，"忆苦思甜"则是让雷锋真正走出连队，在全团甚至沈阳军区产生了广泛影响。

20世纪60年代初，面对国际国内的特殊情况，为了使干部和战士认清形势、提高觉悟，运输连党支部根据上级指示，决定在冬训期间开展一次"两忆三查"（忆阶级苦、忆民族苦，查思想、查作风、查斗志）活动，当支委会研究开忆苦大会让谁带头忆苦时，大家不约而同地想起中秋节晚上发生的一件事。

那天晚上，司务长分给每人四块月饼，大家有说有笑，边吃边谈。雷锋领到月饼却一口没吃，捧在手里悄悄地走到门外，眼望明月流下眼泪。原来，这个美好的中秋之夜，使他想起了十几年前那苦难的岁月，想起了那个可怕的中秋之夜，妈妈悬梁自尽的情景……妈妈没能看到新中国的变化，没能看到她儿子是怎样受到党和人民的关怀和培养。今天我们的国家面临一些困难，但中国人民决不会被一时的困难所压倒。我们的党领导全国各族人民，为了埋葬旧社会，建设新中国，为了创造更加美好的未来，有多少有名和无名的英雄付出了生命，他想起奋战在各条战线上的同志们，想起了那些躺在病床上的伤病员。他思潮起伏，难以平静，回到宿舍把自己领到的四块月饼，小心地用纸包起来，然后写了封热情洋溢的慰问信：

在忆苦思甜大会上（张峻摄）

亲爱的阶级兄弟，为祖国社会主义建设负伤和有病的休养员同志，这四块月饼是人民给我的，它使我想起了过去的苦，体验了今天的甜。因此，我很自然地想起了你们，请接受一个战士的心意吧。

——1960年中秋之夜

第二天，他抽空儿来到驻地附近的抚顺西部矿工医院，把信和月饼送给了在那里休养的伤病员……

支部委员们谈起这件事，联想雷锋在旧社会的苦难遭遇，所以一致推举雷锋带头忆苦。在"忆苦思甜"大会上，雷锋的发言又一次打动了大家：

我叫雷锋，生于1940年12月18日，家住湖南省湘潭专区望城县，家有五口人，爸爸、妈妈、哥哥、弟弟和我。

我在旧社会遭受的痛苦和广大劳动人民一样是深重的。解放后，党和英明的毛主席拯救了我，给我带来了无比的幸福，我所要讲的也就是我在两个不同的社会里，过着两种不同生活的对比。

黑暗的旧社会是一个吃人的社会，穷人只能给富人当牛当马，过着非人的苦日子。我家祖辈三代都是给地主做长工，维持一家半饱的生活，我爸爸给唐地主做长工时，连一家半饱的生活也维持不住。到了荒年腊月，好久还看不到一粒米下锅。我哥哥常常带着我出去要饭，看到富人就央求他们老太太给点吃的，要是碰上有钱人家做喜事，就讨点剩饭、剩菜吃，看到桌上的饭菜也用手扫了起来，装在一个要饭的破布兜里，留着下顿吃，要是离家近一点，就送回家去，给小弟弟吃。

我妈妈怕养活不了我那幼小的弟弟，想把他卖给有钱的人家，我爸爸心如刀割，坚决不让。他泪汪汪地说："我们全家死也要死在一起，绝不能把他卖了。"我爸爸被逼得没法，只好把睡的床铺抬出去卖了，在地上砌几块土砖，取下房门板，搭着睡觉。

我们住的一间破草房子，屋顶露着天，后墙倒塌，要是天下雨，外面下大的，屋里就下小的，我妈怕雨淋湿了我的脑袋，拿着一个破脸盆罩在我的头上，又怕冻着我，拿破烂麻袋系在我的

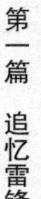

背上。冬天冻得没法,只好拿几捆稻草,堵住风雪,冷得实在不行了,全家人紧紧地挤在一起,又拿上几捆稻草盖上。终年辛勤劳动,全家五口有米不够半年吃。

抗日战争时期,日本鬼子侵略我国,残酷地屠杀人民;地主、资本家血腥地统治、压迫和剥削人民,劳苦人民无法生活。我爸爸参加过共产党所领导的抗日斗争,1945年被日本鬼子抓住,惨遭毒打,吐血屙血而死。全家无法生活,我12岁的哥哥到离家几百里的津市一个机械厂当徒工,经过资本家一年左右的折磨,得了童子痨(肺病)。一天,昏倒在机器旁,压伤了胳膊,轧断了手指,资本家看他再无油水可榨,便把他赶出了工厂。回家伤势稍好,又到荣湾市学皮匠,学印染。由于劳累过度,病情恶化,死于1946年春。

我和妈弟三人,只好上街讨吃,我那幼小的弟弟受不住那种生活的折磨,活活饿死在母亲怀里。可恨的唐地主,逼迫我妈到他家做女工,我也跟着去了,我妈给他家喂奶带小孩子,给小孩洗屎洗尿,给少奶奶倒马桶。我给他家扫地,抹桌凳。后来妈妈被唐地主强奸,我妈被逼得上天无路,入地无门,在1947年8月中旬的一天晚上自杀。那天晚上,她泪汪汪地对我说:"苦命的孩子,妈妈不能和你在一起了,靠天保佑,你要自长成人。"她脱下自己的一件衣服披在我的身上,叫我到六叔祖母家去睡,我走后,她就上吊了,和我永别了!(哭声……)

我母亲死时我还只有7岁,旧社会使我无法活下去。在那吃人的社会里,三大敌人压得我简直没法活命,那些仇恨我一定不能忘记,我要报仇。

一个农民介绍我到地主家看猪,每天看十头猪,要给猪洗澡，晚上没有地方睡，有时还要同猪睡。有一天扫猪栏扫得不干净，地主卡着我的脖子打。过年地主吃鱼吃肉，把肉喂狗，我也想吃点，我捡了喂狗的肉吃，被狗腿子揪着耳朵，揪出了血，我哭了，地主把我往外面拖，不给我饭吃。我的一个同伴很同情我，但也没有办法，就装了点猪食给我吃。

有一天是八月十五，天已经黑了，地主要我到六里外去打酒。到酒店，店主已经睡觉了，喊门叫不开，我就哭起来，他们才开门。我一天没吃饭，在回来的路上走不动了，跌了跤，把酒也洒了些。回来时地主还坐在床上等酒吃呢，一进门就说我回来晚了，打了我几个耳光。又说酒不够，问哪里去了，我说洒了点，他怪我把钱买糖吃了，一拳就打在我的鼻子上，出血了，一脚又把我踢在地上。当晚不给我饭吃，我没有办法，就到屋后挖了两个地瓜吃，又被地主婆打了一顿耳光。

1947年在地主家看猪，一天我用小罐子煮了点野菜，煮好了正准备吃，被地主家的一只猫剐倒了，狗又跑来吃了我的菜。我就打了狗，狗也咬了我，被地主婆看到了，她说打狗欺主，要打死我，还骂道："这样的穷鬼打死十个少五双，死一个少一个！"多亏毛奶奶说情，才没有打死我。第二天地主把我赶出来，我没有办法，在破庙里住了几天，只得吃野果山枣。解放后，我看了《白毛女》电影以后，心里非常痛，在吃人的旧社会里像我这样的人很多，都被搞得妻离子散、家破人亡。我一定革命到底，不消灭反动派决不甘心。

旧社会的苦是我们的阶级苦，我时时记住这血泪深仇。我想到全世界人民没有得到解放，我国台湾也还没有解放。想起他们心里就难过，一定要解放台湾，打倒帝国主义，把我的一切献给

人民，献给党！

　　1949年我的家乡解放了，地下党员彭乡长找到了我，我那时真不像样子了，头发长得很长，身上披了一个旧麻袋。他给我洗了澡，给我换衣服，过年还把我接到他家里做好了菜给我吃。我好像做梦一样，心里非常感激彭乡长，就跪在他面前。他说，孩子，不要感谢我，是伟大的党和毛主席救了你，要感谢党和毛主席。

　　后来党又送我到学校念书，老师给我和同学发了新书，看到同学都交了费，我就去找老师说，我还没有交费呢，老师就说这是党送你去读书，并翻出毛主席像说，就是他老人家送你读书的，你永远也不要忘记他老人家。所以我第一次就在笔记本上写了"毛主席万岁"五个大字。我非常感谢党和毛主席，连睡觉做梦都想见到毛主席。

　　后来有一个同志带我到了毛主席家乡去参观，有一个老爷爷给我讲了毛主席的故事。毛主席热爱学习，热爱劳动，处处从人民的利益出发。我非常感动，一定要好好学习，做毛主席的好学生。每天功课每天都做完，星期天也不休息，晚上9点多钟才睡，我想将来很好地为人民服务。所以一年级时我考了第一名，二年级也是第一名。

　　二年级时土改斗地主，我们乡里成立了儿童团，我参加了，后来大家选我当团长。大人搞生产很忙，我们儿童团就去看管地主，斗争那个姓唐的地主时，我非常气愤，恨不得一口气要吃掉他，旧仇都一齐涌到我的心头，母亲是在他家做女工时被害死的，我在他家放猪遭到了非人的折磨，斗争后就把他枪毙了，为我们的阶级兄弟报了仇。

只有好好学习，才能将来更好地为人民服务，报答党的恩情。我在三年级时，参加了少先队，我是第一批入队的。队发展了，大家选我当了队长。我们队的工作搞得很好，评为全县的一个先进单位，这是队员们的努力。

我于1956年高小毕业，正是党号召大办农业、发展农业生产的时候。老师要我们学生填志愿，很多人都填志愿要入技校、高中，我就在志愿书上写着"党的需要就是我的志愿"。

当时这样填的，班上只有两个人，一个是贫农的女儿愿意回农村养猪。老师让我升学，我向学校写了决心，要求到农村参加农业生产，去建设新农村。农业是国民经济的基础，到农村可帮助农民扫盲，去锻炼和改造自己。农村是广阔的天地。毛主席说有两门知识：实践知识、书本知识。我再三保证，才批准我的要求。到农村几个月收获很大，学了犁耙和许多生产知识。

同我去的那个女同志成了养猪模范，上北京见了毛主席。她经常对我进行帮助。在农村是艰苦一些，但是想到建设新农村，我就很乐意干了。

1956年12月调我到望城县委会工作。县委张书记经常教育我，给我讲革命故事，买书给我看，对我帮助很大。

1957年2月，我入了团。

1958年，望城县委在团山湖创办了农场，我要求到农场去，张书记批准了我的要求。到农场以后，场长对我很好。有一次，我同场长去开会，路上碰上雨，一个同志借了一件雨衣给场长，他要给我穿，我不肯，推来推去，最后两人都有了才算作罢。

我生了一身疖子（疮），场长把我送到医院，场长、书记天天来看我，送东西给我，对我非常关心，我很感动。医生叫我住

一个星期医院，我住了三天，就从窗户偷跑回来，到工地参加劳动去了。不久又调回县委工作，县委要建立拖拉机站，县委号召捐钱买拖拉机。我那月发薪29元，除了9元伙食费，捐了20元。县委要我学开拖拉机，我又当了望城县第一名拖拉机手，学了五个月，就毕业了。回来时，张书记还给我戴了一朵大红花。

每天白天、黑夜，我就驾着拖拉机耕地，一天工作十多个小时，我也不觉得累，后来粮食丰收了，我非常高兴，原来是荒湖，现在开垦成了良田。

1958年，党发出大炼钢铁的号召。毛主席说，没有工业，就没有国防，没有人民的幸福。要有钢铁，就只有听毛主席的话，自力更生。那时鞍钢到望城县招工，我再三要求，还是不同意，我又找到张书记，才批准我。

1958年11月15日离开县委，不久来到鞍钢，看到大机器，我非常高兴。到鞍钢后，人事科长找我谈话，说："你以前当过公务员，你还给首长当公务员，跟着首长一起住洋房，坐小汽车，生活很好。"我不同意，说我不是来享受的，是来工作的。后来，才送我到技校学习，学了两个月回来，当了推土机手，人小机器高，我就垫了一些被子等东西才勉强开得动。

1959年2月，全国各地很多青年到鞍钢学习，党给了我一个任务，要我帮兄弟厂带了个学员，厂里要给我36元师傅费，我拒绝了，有一个老师傅说给钱你不要，是"傻子"。我这个人要没有党和毛主席连命都没有，能开推土机，学技术是党和毛主席给我的。

1959年8月，鞍钢扩大焦化厂，在辽阳建厂条件很艰苦，我要去，副厂长不让我去，在我坚决要求下，才让我去的。那里条件很差，有些同志不安心工作，不愿意挑大筐，不愿意盖房子，有的说怪话。这时我想起自己是共青团员，坚决不动摇，想起最艰苦的地方也是党最需要我的地方，是党考验我的时候。我就向李书记表决心，愿意干一辈子。李书记对我教育说："干革命不但要埋头苦干，还得懂得革命道理。"他买了一本毛主席著作给我。从那时起，我就开始学习毛主席著作。前一段我只知道感谢党的恩情，埋头苦干，自己干好了就行了，从这时起，我开始懂得了一点道理。但开始学习碰到很多困难，有些字不懂，看小说一样。李书记又告诉我，学习毛主席著作要有的放矢，从实际出发，带着问题学习毛主席著作。

那时盖房子是冬天，和稀泥是关键，是最艰苦的工作。稀泥供不上，这个困难怎么办，我就带着这个问题学习毛主席著作。毛主席说："艰苦的工作就像担子，摆在我们的面前，看我们敢不敢承担。担子有轻有重。有的人拈轻怕重，把重担子推给人家，自己拣轻的挑，这就不是好的态度。"毛主席的教导使我得到深刻的启发，听毛主席的话，把重担子挑起来，一定选艰苦的工作干。我就争着去和泥，水结了冰，和不动，我就脱掉鞋袜、赤着脚，冷得很厉害，手脚都冻麻木了，但想到为祖国建立化工厂，心里挺暖和的，又有两个青年和我一起干起来，这是我学习毛主席著作第一次收到了效果。

后来又搞技术革新，怎么搞？我又学习毛主席著作，主席说："你要有知识，你就得参加变革现实的实践。你要知道梨子的滋味，你就得变革梨子，亲口吃一吃。"我就和同志们一起参加劳动，我又和同志们一起学习毛主席著作。有一天晚上，我正在学《关心群众生活，注意工作方法》，到半夜，突然下起雨来，

我跑到调度室听说还有7200袋水泥没盖,被雨打湿就完了,心里很着急,怎么办?我想到了向秀丽,想到了毛主席的教导:"无数革命先烈为了人民的利益牺牲了他们的生命,使我们每个活着的人想起他们就心里难过,难道我们还有什么个人利益不能牺牲,还有什么错误不能抛弃吗?"这时我马上叫起二十多个青年把自己的棉衣、被子拿去盖了。被子被打湿了,但看到国家财产没有受损失心里很高兴。

党的八届八中全会以后,人民公社成立了,我学习了八届八中全会文件,自己想我为人民公社做了什么?我每天就捡大粪积肥,一个月捡了五百多斤,送到了公社,公社要算钱,我说我没有什么礼物送公社,这些大粪就作为我的礼物吧!

一次碰到了一个老头在冬天早晨没有穿棉衣,我就脱了自己的棉衣,送给了他。毛主席说关心他人比关心自己为重。老头子说不出话来,约我到他家去。他给地主放过二十多年羊,现在是个工人,有个母亲70岁,爱人50岁和三个孩子。我后来又送了几件衣服给他家,我常到他家,他还要我做干崽,我很爱他家。这是毛主席思想教导我所产生的阶级感情。

厂里开展社教以后,一次工会副主席对我说:"工厂是集体的,你不要那么认真,要注意身体。"那天我睡不着想不通,他是工会副主席为什么这样。又过了几天,他又找我谈:"小雷,工厂大鸣大放,叫大家提意见,你要放就放几条,过去旧社会什么东西都有卖的,有鱼肉,现在什么也买不到。"我想在旧社会吃鱼肉的是地主,穷人哪吃得起呢!心里对他有意见,但是不敢对他提意见,他是工会副主席。李书记说大鸣大放要站稳立场,听党听毛主席的话,我看了《中国社会各阶级的分析》一文,我就用阶级分析的方法，对工会副主席进行了分析，看到他不是我们的人，我就将情况向李书记反映了，李书记要我以后注意他的言行。有一次在厕所，他又对一个新工人说过类似的话。我听了很气愤，又马上报告了党委。经过调查才知道，他是一个混进党内的异己分子，当过土匪，后来被开除了党籍，进行劳动改造。这件事对我教育很深。

1959年12月8日，李书记在青年会上做了应征入伍的报告，我听了很激动，一晚也睡不着，半夜跑到了李书记那里，把他叫起去报名，连棉衣也忘记穿，他把自己的棉衣给我穿上说："你先睡觉吧！明天再来。"当晚我又写了一篇稿子"决心应征"，4点就去了，但只报了第二名。我想体检我一定要搞第一名，第二天半夜，我就起来去体检，传达室不让我去，我说是起来解手去，出了大门后，正碰上一个军车，我就坐上了车，到了辽阳兵站。碰上了一位少校首长，一进门他就问："小雷你怎么这么早？"我很奇怪，说你怎么认识我，他拿了一张登了我的报纸给我看，说："你那次搞劳动，就认识了你。"他把我带到办公室谈了一会儿，问："你为什么要入伍？"我说："为了消灭帝国主义，解放台湾同胞，一定要当解放军，保卫祖国，捍卫边疆不被侵犯。"

后来搞体检，量我血压高了不合格。我说："我休息一会儿，再检查好吗？我昨天晚上没睡觉，今天早晨没有吃早饭。"后来李书记来了，对武装部政委说："他昨晚没睡，很激动。"那位少校也给医生讲了，检查才合格。第二次检查身高，我就伸长脚尖，被医生发现，后来正好及格。检查体重我才48公斤，我又向医生说我还没吃早饭哩！吃了饭就会合标准！

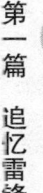

1960年1月8日我入伍了。我到了部队，首长把衣服、帽子给我一穿，对镜子一照，特别高兴，不知怎么说才好。一夜没睡，感冒了，首长半夜来查铺看我咳了几声，马上叫医生来给我看病，并把自己的被子给我盖上，使我非常感动。

首长经常对我说，我们的军队是人民的子弟兵，有明确的政治方向。鼓励我做毛主席的好战士。懂得革命道理才能当好毛主席的好战士。我也积极学习毛主席的著作，挤时间学，有时晚上学习太晚，头昏，我就洗一洗脸。我想到自己的觉悟低，一定要好好学习，利用开饭前后，有时连到厕所我也不放过学习，部队规定9点钟熄灯，我就买个手电，在被子里学。

我学完了《毛选》一至四卷，其他政治书籍六十多本。重点学了《反对自由主义》《将革命进行到底》、"老三篇"、《矛盾论》《实践论》。学了毛主席著作以后，使我眼亮心宽，懂得了一个人应该怎样活着，树立什么样的人生观，对我帮助很大。在学习中，我曾碰到很多困难，但我没有向困难低头。开展军事训练，投手榴弹，我体力差，投不远，这时又学习了毛主席著作，毛主席说要向困难做斗争。投手榴弹是练战斗本领，为了消灭敌人，不练好本领怎么消灭敌人，因此我经常天没亮就起来练手榴弹，手臂练肿了，但我从未终止，练了一个多月，搞实弹练习时，我合格了。

雷锋的"忆苦思甜"感动了战友们，产生了不小影响。逐渐地，其他连也过来邀请雷锋去给他们做"忆苦思甜"报告。

再后来，出外做报告几乎成了雷锋的日常工作之一。有一天，团里的一个领导听了之后，感觉雷锋讲得实在是太好了，就专门安排雷锋到各地去做报告。作为团里的"节约标兵",雷锋不仅有着苦难的历史,还有着勤俭节约的事迹,助人为乐的事迹。于是雷锋开始走出军营,走出驻地抚顺,先后到沈阳、丹东、大连、营口、铁岭等地,给当地的部队官兵、机关干部、学校学生、厂矿职工、街道居民等做了几十场报告。

在外出做报告的途中,他又坚持做了不少好事。"雷锋出差一千里,好事做了一火车",可谓雷锋的真实写照。

战友情深深几许

雷锋时刻关心战友，对待战士像亲兄弟一样。他每天早上都给战士们打洗脸水，熄灯后要检查战友被子盖得严不严，睡得好不好。对战友不但像一个大哥哥，更像一个慈祥的母亲。战友有个头疼脑热，他就请医送药，嘘寒问暖，替有病的战友夜间值班站岗更是常事。

记得有一年秋天，雷锋带着全班上山割草，出发前每人带了一盒米饭。可战友王大力身高体壮饭量大，他就把早饭和午饭一起装进肚子，他想这样就可以坚持到下午收工了。没想到中午吃饭时，他的肚子咕咕直叫，雷锋见他饿得受不了，就把自己的饭盒递给他。王大力很难为情，推辞说："我不饿。"雷锋笑着回答："是啊，你也许'不饿'，可你的肚子已经提出抗议了，正好我胃不舒服，不想吃饭，这盒饭你就帮我消灭了吧！"大力信以为真，就接过饭盒吃了起来。雷锋自己虽然饿了一顿，但看着战友吃饱了，心里很高兴。雷锋就是这样，关心集体、关心战友胜过关心自己。割草回来后，雷锋在日记中写道：

替战友洗衣服（张峻摄）

对待同志要像春天般的温暖,
对待工作要像夏天一样火热,
对待个人主义要像秋风扫落叶一样,
对待敌人要像严冬一样残酷无情。

这一点,和雷锋一起参军并在同一个班的乔安山体会最为深刻:

入伍后没多久,部队就要求没有上过学的人补习文化,并成立了专门的学习班,请教员来给我们上课,雷锋因为文化水平较高,也担任了临时教员。

说实话,我当时根本不喜欢学习。虽然我小的时候上过学,但只上到三年级,就去做工了。我斗大的字不识几个,家里的父母也都没读过什么书。一提学习我就头疼。

由于我经常请雷锋帮我写家信,他就经常借着帮我写信的机会来督促我学文化。

那时候他经常对我说:小乔啊,你一定要把文化学好,这样以后才能更好地工作,以后家里来信了,也不用找我帮你念信、帮你回信了。

我说:有大哥在,我就什么都放心。以后我就跟着你了,让你一直帮我读信,帮我写信。

雷锋说:我也不能帮你一辈子读信、写信呀。要是以后我们分开了怎么办呢?再说,以后你恋爱了,给人家姑娘写信,还要我来帮你读、帮你写?还是要自己学好文化才好呀。

没想到,还真让他说中了,日后,我真的面临了这种尴尬,在我谈恋爱的时候,果真是到处求人给我读信、回信,那种尴尬劲儿,让我时常回想起班长的话。

他看到我没有笔记本,就去给我买来了笔记本、笔,手把手地教我学写字、学算术。算术加减法我还可以应付一些简单的习题,可是一提起乘除法,麻烦就来了。另外拿惯了锄头和农具的手拿起笔来总是不听使唤,写的字歪歪扭扭的,自己也没有信心了。

当时我吸烟特别厉害,也没有钱去买烟,就把他给我买的笔记本撕下来,卷烟卷吸,没多久一本笔记本就被我撕完了。

其实那段时间,雷锋除了督促我学文化,就是劝我戒烟。他说:你就是没有毅力!你看看《钢铁是怎样炼成的》,人家保尔·柯察金就戒了。我说,他也是炼钢的呀?这句话把雷锋逗笑了。

雷锋发现我把笔记本撕了卷烟抽了之后,并没说什么,又去给我买来笔记本。

我实在不好意思了,就对他说,现在训练、工作这么忙,我没时间学习。打那以后,他一说让我学习,我就立即出去找活干。

有一天,他拿来一个笔记本,给我念上面写的一段话:

有些人说工作忙,没时间学习。我认为问题不在工作忙,而在于你愿不愿意学习,会不会挤时间。

要学习,时间是有的,问题是我们善不善于挤,愿不愿意钻。

一块好好的木板,上面一个眼也没有,但钉子为什么就能够钻进去呢?这就是靠压力硬挤进去的。

由此看来,钉子有两个长处:一个是挤劲,一个是钻劲。我们在学习上,也要提倡这种"钉子"精神,善于挤和善于钻。

之后他又给我讲了不少学习的重要性,说得我很不好意思,就答应他要下决心好好学习。

后来看到我的语文和算术考试都及格了,成绩还不错,雷锋

比我都高兴。我现在肚子里有的那点墨水基本都是那个时候雷锋教我的。

不用上书店，
不用把腿跑，
不用借书证，
不用打借条，
你要想看书，
就把雷锋找。

小小图书馆，
读者真不少，
上至连长，
下到小乔，
小乔看不懂，
雷锋把他找。
念给他听，
指给他瞧，
两个小战士，
团结得真好。

这是当时战友为描述雷锋教大家学文化而专门编的快板，其中的"小乔"指的就是乔安山，从中也可以看出雷锋对战友的无限关爱之情。

凝固的一刻

1962年，沈阳军区工程兵第十团的任务是在辽宁省铁岭地区的一〇五工地施工，但施工任务量不大，只有少量部队派驻铁岭，其他部队都留守营口和抚顺，作后勤保障工作。

运输连留守抚顺，只派了雷锋所在的四班离开连队，到铁岭下石碑村，随团部单独执行任务。

辽宁省铁岭县横道河子乡下石碑村离抚顺60公里左右，但山区路窄、坡陡，雷锋和战友们要在这条危险的公路上往返奔波，运送施工材料和部队的给养。为了确保行车安全，雷锋反反复复勘查路况，并在笔记本上绘制了道路勘查情况图，用各种符号说明路况，让大家看熟、牢记：

发车下石碑山，经过水沟一条，土包一个，直角弯一个，到上石碑山。经横道河，过水沟一条，经过一个急转弯，过水沟两条，到金花楼。过桥过水沟一条，过桥，经过山道弯急，过桥，上大坡，到会源堡。拐直角弯一个，走山道，有急弯两个，过木桥，到后兴安堡。拐急弯一个，过水沟，拐急弯，过木桥到前兴安堡。过木桥两座，拐急弯过桥，过小河，拐急弯，过土包到大马金庄。过桥两座，土包一个，到小马金庄。拐急弯，上抚顺，

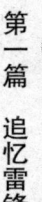

大岭，过水沟一条，到抚顺城。过铁道拐急弯，过交通警两个，经铁桥，走转盘，过交通警两个，到抚顺市，到火车站。

雷锋牺牲的头天晚上，四班在铁岭下石碑村接到团后勤处的任务，要求他们第二天一早就赶回抚顺营区，对13号车进行三级保养，以迎接秋季更繁重的运输任务。

1962年8月15日一大早，雷锋就催着和他同车的乔安山起床，去装卸冬季要用的棉被等物品，乔安山本来打算吃了饭再走，可是雷锋说现在任务比较紧，连里车少，咱还是回去再吃吧，可以早点赶路。于是他们连早饭都没吃就上路了。

刚从下石碑村出来的时候是雷锋开车，走到半路时，雷锋下来让乔安山去开车，说让乔安山多实践，提高驾驶技术。刚开始乔安山还犹豫了一下，担心雨天路滑，路上出问题，但在雷锋的指导下，乔安山顺利地开着汽车穿过了最危险的路段。

到了营区之后，雷锋发现车身上溅了许多泥水，便不顾长途行车的疲劳，立即让乔安山发动车到空地去洗车。经过营房前一段比较窄的过道，为安全起见，雷锋站在过道边上，扬着手臂指挥小乔倒车转弯："向左，向左……倒！倒！"汽车突然左后轮滑进了路边水沟，车身猛一摇晃，骤然碰倒了一根平常晒衣服、被子用的方木杆子，雷锋不幸被倒下来的方林杆子砸在头部，当场扑倒在地，昏过去……

战友们立即用担架把他送到附近医院抢救，各级首长立即赶到了医院，同时以最快速度把沈阳的医疗专家接到雷锋床前。由于颅骨损伤，导致脑机能障碍，年仅22岁的雷锋就这样和我们永别了！

第二篇

闪光的人生

优秀拖拉机手

1958年春天,全国上下都处在积极建设社会主义的热潮中。望城县团委也发出号召,号召全县的团员、青年积极捐款,争取为新开辟的团山湖农场捐献一台拖拉机。正在参加治沩工程的雷锋听说以后,立即将自己平时节约下来的20元钱捐了出去,这是全县捐款最多的。同时,雷锋提出申请,想到农场去开拖拉机,得到了县委的批准。

一到农场,雷锋就非常希望开上拖拉机。农场安排陈师傅教他,雷锋一下子就迷上了开拖拉机。他白天跟着师傅专心学习,晚上还找来有关拖拉机的机械原理、维修方法和驾驶技巧等书籍独自钻研。仅仅过了一个星期,雷锋就可以单独驾车了。

试车这一天,雷锋刚坐上驾驶台,就有些发慌。陈师傅嘱咐他:"不要怕,要眼望前方,注意离合器与刹车的配合动作,转弯后及时回方向盘。"雷锋这才挂上排挡,加大油门,把踏在离合器上的脚慢慢松开,拖拉机"突突突"地开动了。雷锋稳了稳情绪,心中默默念叨着驾驶拖拉机的动作要领和小窍门,脑子里回想着师傅平时驾车的动作,他的手脚配合动作慢慢地协调了。当拖拉机稳稳地行驶在机耕道上,雷锋果断地把农具升降操纵杆一压。随着拖拉机的前进,身后翻起了一片黑油油的泥浪。

雷锋是望城县自己培养的第一名拖拉机手,学会开拖拉机的雷锋难以掩饰自己的激动心情,当天晚上就写下了《我学会开拖拉机了》一文,后来发表在1958年3月16日的《望城报》上。

我学会开拖拉机了

团山与杲山之间有一个大湖——团山湖。它纵横六七里,湖草丛生。人们形容这里土地肥沃,说是有五尺深的肥料。湖的周围去年围起了一道新的大堤,那弯弯曲曲的大曲河,再不能穿过湖中间了,只能顺着新堤往下游流。一个新的国营农场在荒洲上建起来了。还有"铁牛"在荒地上奔驰着。这里有三百多勤劳勇敢的农场工人在歌唱今天的幸福,歌唱劳动的愉快,歌唱美好的将来。

3月10日,是我永远不能忘记的日子。这天,我第一次学会了开拖拉机,心情是何等激动啊!

我7岁时父母双亡,变成了一个可怜的孤儿。那时,在国民党反动统治下,只得给地主放牛,吃不饱,穿不暖,经常挨打挨骂,过着牛马一样的生活。

自从来了人民的救星——共产党,把我从火坑中拯救出来,送我上学,给我吃的穿的,把我培养成为一个有一定知识、觉悟的青年;使我于1956年投入革命的怀抱(在县委会当通信员),并在1957年2月加入了自己光荣的组织——青年团。

今年1月底,团县委号召建立望城第一青少年拖拉机站,接着又看见农学院的拖拉机来支援团山湖犁田,我多么想当一名拖拉机手!我就把节约下来准备做被子的20元钱,全部捐献了,只想拖拉机站马上建成就好。

这次，党批准我到农场来，我真是高兴极了。2月26日，我光荣地走上了劳动战线——到了团山湖农场，学习驾驶拖拉机。

当我第一次爬上拖拉机驾驶台学习的时候，我真高兴得要跳起来。我坐在驾驶员的身边，专心地看他怎样操作，怎样转弯，怎样发动汽油机……老陈一面驾驶，还一面告诉我操作方法和各部分名称，我一点一滴都记在脑子里，并写在日记上。这几天，我总是睡不着觉，起来又去学习，只想早一日学会，早日为祖国出一点力量。

学习了一个星期，懂得了一些操作方法和基本知识，老陈就让我试验驾驶，他真的让出座位，站在一旁指点我。我一坐上驾驶台，心跳得很，生怕开不动，别人会讥笑；又怕没有力，转不动方向盘；还怕刹不住车，就更糟。我的心情既紧张，又快活，手脚都不由自主地颤抖起来。老陈对我说："不要怕，要放勇敢些！"这时，我才把油门加大，把离合器向上一推，拖拉机嘎嘎地开动了。可是，拖拉机总不听我的指挥，走弯路。开了一会儿，我不怕了，心也跳得不那么厉害了，手脚也慢慢地不发抖了。这时，拖拉机也听我使唤了。在这个时候，我的心情又是多么喜悦呀！我回头望望，看到那可爱的肥沃土地，很快地被犁翻了，仿佛看见了一大片绿油油的可爱的庄稼。

今天，真有很大的收获，过得真有意义。下班以后，脑子里一个转又一个转地想着。吃饭的时候，还好像坐在拖拉机上似的，不停地摇晃着；拿起筷子，像握住拖拉机的操纵杆一样，随手拽动。两只脚像踏在"刹车"和"油门"上，自然地踏动着。我在想，今天这样幸福，不是党的培养，又是哪里来的呢？

我一定要以实际行动，来报答党对我的亲切关怀和照顾。一定努力钻研，勤学苦练，克服一切困难，忘我地工作，争取做望城县的第一个优秀的拖拉机手。

节约标兵

1960年9月,雷锋所在团授予雷锋"节约标兵"的称号。政治处还专门组织编写了《雷锋同志模范事迹》这份材料。雷锋看后却摇了摇头,随即用笔把"模范事迹"四个字划掉,写上"解放后我才有了家,我的母亲就是党"两行字。

雷锋始终保持着十分俭朴的生活,时时关心着祖国的社会主义建设事业,处处表现出勤俭节约的美德。

部队每年发两套单军装,两套衬衣裤,两双解放鞋。雷锋从1961年以后,每样只领一套,其余的都交还公家。他说一套就够穿,破了还可以补补穿。

雷锋有一件夹衣,是从湖南家乡带来的。虽然又旧又破了,但他也不肯买新的,洗了又洗,补了又补,还穿在身上。

每个月的津贴费,除了一些必须开支外,他只留少量的钱,买一些马列、毛主席的著作和有关青年修养的书,其他的全部存入银行,分文也不肯乱花。他用的毛巾、茶缸、牙具,按说早该换新的了,但他还是一直用着。

雷锋每个月有6元钱津贴,他却把钱都存在银行,后来,雷锋把省下来的钱全都捐给灾区人民,可是他自己却舍不得买新袜子。

　　战友们都知道雷锋有个"节约箱",这是用破木板钉成的小木箱。他把捡来的破铜烂铁、废螺丝钉等东西都放在里边。遇到需要的时候,他就从"节约箱"里,找出适用的东西,不用的废品就拿去卖了,赚来的钱全部交公。

　　在给某工地运水泥时,车子上常撒落一些水泥。雷锋觉得这都是国家的财产,一点也不该浪费,他就利用业余时间,到每个车子上去打扫。不到两个月,就积攒了一千七八百斤水泥,也都交给了工地。

　　雷锋时刻注意一点一滴地为国家为集体积累财富。牙膏用完了,废牙膏皮扔掉,这是人们习以为常的小事,雷锋在这上面也找到了节约的窍门。一次,雷锋把捡来的牙膏皮,卖了二元六角钱。他利用这些钱买了一打笔记本,亲自送给小学的少先队员们,勉励他们说:"你们要刻苦努力,每个人都要争当三好学生。"

擦洗心爱的汽车(张峻摄)

第二篇 闪光的人生

人大代表

1961年8月,雷锋被选为抚顺市人大代表,出席辽宁省抚顺市第四届人民代表大会,这是雷锋一生中的一个亮点。作为团里的先进模范、节约标兵,尤其是在忆苦思甜大会后,雷锋经常到各地去做报告,雷锋已经成为全团最突出的形象代表,当选人大代表可谓众望所归。

与此同时,在选举人大代表之前,受到雷锋长期帮助的驻地群众也强烈希望选举雷锋为人大代表。雷锋担任校外辅导员的建设街小学赵老师也领着几名少先队员来到运输连,代表全校师生郑重地提出要选举雷锋为人大代表。可以说,雷锋当选人大代表真正代表了大家的意愿。

因此,当团组织股长提议说选举雷锋同志为抚顺市第四届人民代表大会代表,问大家有没有意见时,全团一千多人异口同声响亮地回答:"没有!"并都举起了手,正式选举雷锋为人大代表。

8月3日,雷锋出席了抚顺市第四届人民代表大会,回想起自己从一个穷苦孤儿出身的普通士兵,到今天能够出席市人民代表大会,雷锋难以压抑自己内心的激动。他在日记中写道:

8月3日

今天是我永远不能忘记的日子,我光荣地参加了抚顺市第四届人民代表大会第一次会议。像我这样一个给地主放猪出身的穷孩子,能够参加这样的大会,心里有说不出的高兴和感激。

首先我要衷心地感谢党和毛主席把我从虎口中救出来,把我抚育成人,教给我无产阶级的思想,感谢政府对我的亲切关怀和照顾,感激人民对我的爱戴。今天我深刻地认识到,只有在党和毛主席的正确领导下,才有我们穷人的天下,才有穷苦大众当家做主的权利,才有我们今天幸福的新生活……

他还把一首诗写到了会议的文件袋上:

过去当牛马,今天做主人。参加代表会,讨论大事情。人民有权利,选举自己人。掌握刀把子,专政对敌人。衷心拥护党,革命永继承。哪怕进刀山,永远不变心。

雷锋是抱着学习的态度来参加人民代表大会的,因此他总是积极地参与学习讨论和参观活动。雷锋切实感受到,在党中央的正确领导下,全国人民自力更生,发奋图强,积极克服暂时困难,已经显见成效。我们党一心一意为广大人民群众谋利益,广大人民群众全心全意拥护我们党,这是我们国家战胜一切困难的巨大力量。因此在轮到自己发言时,雷锋激动地说:"我要坚决听党的话,一辈子跟着党走,认真贯彻党的方针政策。对党有利

的话有益的事,我要多说多做;对党不利的话、没有益的事,我坚决不说不做。我要全心全意为人民服务,永生为党的事业努力奋斗!"

人民代表大会的最后一天,市委负责同志代表全市人民,送给每位代表一斤苹果,雷锋拿着这斤用红纸包着的苹果,内心特别激动。回想起自己过去那种无依无靠到处流浪的苦日子,总觉得党和人民胜过自己的亲生父母,对他太关心了。他想:自己好了,不能忘记为人民而负了伤的阶级兄弟。于是他把这份苹果转送给了住在卫生连的伤病员同志,他自己虽然没吃着,但是心里比吃了这苹果还要甜十分。

优秀校外辅导员

1962年5月28日，雷锋接到共青团抚顺市委的通知，请他参加本市召开的表扬奖励少先队辅导员大会，并通知他，已经被评上了抚顺市优秀大队辅导员。

雷锋在抚顺期间，除了参加工厂建设，还利用业余时间担任了周边小学的校外辅导员，"雷锋叔叔"就是在那个时候叫起来的。

1960年10月10日，望花区建设街小学（今雷锋小学）聘请雷锋担任少先队校外大队辅导员，1961年8月，新建立的本溪路小学（今雷锋中学）聘请雷锋担任校外辅导员，一直到雷锋因公牺牲。

雷锋担任校外辅导员之后，很快和同学们建立了深厚的友谊，他经常到学校去看望同学，也邀请同学们到军营去。雷锋经常叮嘱同学们，学生时代一定要好好读书，否则将一事无成。他还说："我在部队工作，你们在学校读书，我们可以比赛，看谁学习好、进步快。"

1961年春，雷锋听说班里一名男同学经常打架、逃课，就在晚饭后让人领着去那位男同学家走访。了解到男同学的继母很少关爱他，雷锋就找到他的继母谈心。最终，继母的态度转变了，雷锋还给男同学买来铅笔、橡皮等文具，手把手地教他写

字。男同学的成绩一天天好起来，还受到老师的表扬呢。一次，男同学见到雷锋就激动地搂住他的脖子哭起来，说："自从你和妈妈谈话后，妈妈对我可好了，我一定改掉以前的缺点，做个好学生。"

在雷锋留下的 200 多张珍贵照片中，有一张罕见的彩色照片格外引人注目。这是一张雷锋和一位少先队员读《解放军画报》的合影，照片中的少先队员名叫陈雅娟，当时是抚顺市本溪路小学的小学生。在陈雅娟的记忆中，雷锋手把手地教同学们学文化，带着同学们义务劳动，给同学们讲"甘做一颗为人民服务的螺丝钉"的故事。

在召开的共青团抚顺市委表彰少先队优秀辅导员大会上，雷锋还专门做了一个《做个优秀的校外辅导员》的发言：

5 月 28 日，我接到共青团抚顺市委的通知，叫我参加本市召开的表扬奖励少先队辅导员大会。通知上说，把我也评上了抚顺市的优秀大队辅导员。看完通知，我的心好久没有平静。

回想近两年以来，我被聘请为本市建设街小学和本溪路小学的校外大队辅导员后，在党的培养教育和支持下，尽自己的力量，利用业余时间和节假日的休息时间，帮助少先队开展了一些有益的活动，给少年朋友们讲毛主席小时候的故事、战斗英雄故事，讲新旧社会对比等，启发他们的上进心和阶级觉悟。比如，本溪路小学有个叫刘静的同学，她在福中生，也在福中长，可是不知旧社会的苦，所以也不懂今天的甜，因此，在当前国家处在困难时期，她的思想有些波动，学习不够安心，工作不主动，成绩也不好。自从我和她谈了新旧社会回忆对比，加上老师的耐心教育和同学们的帮助，她有了转变，变成了一个好同学，加入了光荣的少先队，还担任了中队的文娱委员，学习成绩也取得了5分。

　　建设街小学有些小朋友爱花零钱。我给他们讲了解放军艰苦朴素、勤俭节约的故事后，对他们有很大启发。为了进一步使他们了解点滴节约、积少成多的意义，我把他们带到部队，搬出自己的节约箱给他们看。有个同学看到我捡的大半箱牙膏皮，便惊奇地说："哎呀！怎么捡这么多？"我对他说，这是我平时在水沟里、垃圾堆里一个个捡起来的。站在旁边的一位同学说："真是滴水成河，积少成多呀！"当场有很多同学向我表示决心，一定做到勤俭节约，不乱花一分钱。过后，他们真的也做了节约箱，捡了不少碎铜烂铁、牙膏皮、螺丝钉等。他们的实际行动，使我感到十分高兴，同时也使我受到了很大的启发。我想：孩子们处处向我们学习，那我们更应该好好地听党的话，积极工作，努力学习，提高自己，处处以身作则，以我们的模范行为去影响和教育他们。从此，我便时刻严格要求自己，老老实实地工作，更刻苦地学习，丰富自己的知识。和小朋友接触时，带他们做一些有益的游戏，教他们唱歌、跳舞、赛跑、做操、讲故事等。因此，小朋友非常愿意和我在一起，真是无话不说，非常团结；过去爱打架、吵嘴的小同学也都变了样。以前有几个不守纪律的同学，听我讲了邱少云的故事后，也都变得很文明、有礼貌了。这样一来，我和孩子们交上了知心朋友，建立了深厚的感情。有时我要上哪去开会或学习，他们知道后，总是把我围成一团，手拉手地把我送到车站，分别时总是恋恋不舍，有的同学还掉眼泪哩。

　　小朋友们对我这样好，使我更加热爱和关心他们，更感到自

己责任的重大。我看到他们有什么困难,心里就过意不去。有个小朋友(张玄)丢了一支钢笔,没笔做作业,我立即把自己的钢笔送给她,并鼓励她好好学习。她有了钢笔真是高兴万分,学习更加努力。有一次,她把考试成绩单送给我看,看她得了 5 分,我内心格外快乐。

  两年来,在党的领导下,在同志们和老师们的帮助下,协助少先队做了一点点本身应做的工作,党和共青团却给了我很大的荣誉。这荣誉应归功于党,没有党我一事也做不成。我衷心感谢党和共青团对我的鼓励和关怀。我决心听党的话,努力学习毛主席著作,用毛泽东思想武装自己的头脑,在任何艰苦和困难的情况下,毫不动摇,坚定不移地为伟大的共产主义事业奋斗到底。我决心更好地和小朋友们打成一片,帮助他们开展一些有益的活动。教育他们不忘过去,发奋读书,好好学习,天天向上。我要为培养共产主义的优秀接班人贡献自己的一点力量。

雷锋班

雷锋牺牲之后，雷锋生前担任校外辅导员的建设路和本溪路小学的学生还是经常到部队来，他们还想再看看他们和蔼可亲的雷锋叔叔，还想再听雷锋叔叔给他们讲故事。驻地附近的群众也常到部队来，只为看看雷锋生活、工作过的地方。为了满足这些群众和学生缅怀雷锋的要求，也为了更好地宣传雷锋精神，部队相继举办了几次雷锋事迹展览。

雷锋的战友们更是十分悲痛，但他们能做的就是要让更多的人知道雷锋、了解雷锋、学习雷锋。班里每一个战友都想通过一种方式把雷锋的名字记载下来，传承于后人。后来，经过韩政委的提醒，和雷锋一个班的战友决定集体签名向连队党支部和上级申请，用雷锋的名字给四班命名。

申请交上去之后，大家都十分焦急地等待着上级的批复，几个月过去了，却一点消息也没有，就在大家深感惋惜的时候，1963年1月7日，国防部正式批复同意命名雷锋生前所在班为"雷锋班"。

雷锋班申请

党支部：

　　雷锋生前是我们的亲密战友。他虽然牺牲了，但是他那种先进的思想和光荣的事迹，永远留在我们的心里。我们决心以雷锋烈士为榜样，学习他对阶级敌人的刻骨仇恨，对党和毛主席的无限热爱；学习他坚强的革命意志；学习他艰苦朴素，不乱花一分钱，处处节约，热情支持人民公社和灾区人民生活的高尚品德；学习他学习毛主席著作的苦钻精神；学习他对工作积极负责，坚决完成任务的模范行为。他的许多优秀品德和高尚风格都是我们永远学习的榜样。我们四班为纪念和发扬雷锋烈士的光荣事迹，经过热烈的讨论，大家一致表示，决心继承雷锋烈士的革命精神，把雷锋烈士的革命精神一代一代地传下去。为此，全班同志特请求上级党委和首长批准我们班为"雷锋班"的光荣称号。我们全班都有决心，一定要练好硬本领，发扬硬骨头作风，无论什么时候都能拉得出去完成一切任务，处处给全连树立榜样，保持光荣称号，珍惜雷锋班的荣誉，决心做毛主席的好战士。

四班全体战士： 张兴吉　　王继学　　陈庆林
　　　　　　　　　田生绵　　韩玉臣　　乔安山
　　　　　　　　　庞春学　　蔡永海　　于泉洋

1962 年 10 月 12 日于抚顺

国防部给沈阳军区的批复

你们请示授予 3317 部队运输连四班以"雷锋班"称号的报告收悉,同意你们的意见,批准授予 3317 部队运输连四班以"雷锋班"称号。望鼓励四班的同志,保持和发扬这一荣誉,并教育部队,学习雷锋同志的优秀品质。

1963 年 1 月 7 日

第三篇

雷锋简介

雷锋，原名雷正兴，1940年12月18日出生在湖南省望城县简家塘一个贫苦农民家庭。1962年8月15日因公牺牲，终年22岁。

1940年是农历"庚辰"年，所以雷锋的小名就叫"庚伢子"。不满7岁的时候，雷锋的家人都已经相继离世，雷锋成了孤儿，过着饥寒交迫的生活，在他幼小的心里，充满着对旧社会的仇恨和对新生活的向往。

新中国成立后，雷锋得到党和人民政府的亲切关怀，被送入学校读书。1956年高小毕业后，先后在乡人民政府和中共望城县委当通信员、公务员，被评为模范工作者。1957年2月加入共产主义青年团。后又参加根治沩水工程、团山湖农场建设，当上了一名优秀的拖拉机手，实现了自己人生的第一个理想：做个好农民。

1958年10月下旬，鞍钢来望城招工，年仅18岁的雷锋积极响应国家号召，在招工表上正式填上了自己的新名字：雷锋，用以替代自己原名——雷正兴。对此，雷锋自己的解释是："我现在想好了，决心到鞍钢去打个冲锋。雷正兴是个孤儿的名字，现在有了共产党，我早已不是孤儿了……"正像雷锋说的那样，到了鞍钢的雷锋，又开上了大型的推土机，积极投入到社会主义经

济建设当中。在鞍钢的一年零两个多月的时间里，他3次被评为先进工作者，5次被评为红旗手，18次被评为标兵。雷锋也实现了自己人生的第二个理想：做个好工人。

1960年1月，正在弓长岭矿场参加建设的雷锋，又一次选择了自己的奋斗方向：当一名光荣的解放军战士。尽管因为身高等原因，雷锋的入伍之路颇显波折，但永不服输的雷锋还是通过自己的努力，顺利参加了中国人民解放军，编入工程兵运输连。就此登上了他人生最辉煌的舞台。入伍后，他苦练杀敌本领，刻苦学习毛泽东的著作，努力改造世界观，以强烈的国家主人翁责任感，自觉地为党分忧，经常想到的是国家和集体，把自己积存的钱全部支援了人民公社和灾区人民。他除完成本职工作外，还经常利用节假日和休息时间做好事，助人为乐，"把有限的生命，投入到无限的为人民服务之中去"。入伍不到三年，荣立二等功一次，三等功两次，被评为"节约标兵"和"模范共青团员"，并被选为抚顺市人大代表。雷锋实现了自己从小就有的理想，也是他人生的第三个理想：做个好战士。

1962年8月15日，雷锋因公殉职，其所在部队展开了大规模的学习雷锋活动。1963年1月7日，国防部命名其生前所在班为"雷锋班"。同年3月5日，《人民日报》发表毛泽东主席亲笔题词，号召全国人民"向雷锋同志学习"。周恩来总理题词："向雷锋同志学习憎爱分明的阶级立场，言行一致的革命精神，公而忘私的共产主义风格，奋不顾身的无产阶级斗志。"其他国家领导人也相继题词向雷锋同志学习。此后，在全国掀起了向雷锋同志学习的热潮。后来每年的3月5日就成了全民学雷锋的日子，全国各地涌现出成千上万个雷锋式的先进人物。

第四篇

雷锋日记摘抄

1958 年

6月7日

……如果你是一滴水,你是否滋润了一寸土地?如果你是一线阳光,你是否照亮了一分黑暗?如果你是一颗粮食,你是否哺育了有用的生命?如果你是一颗最小的螺丝钉,你是否永远坚守在你生活的岗位上?如果你要告诉我们什么思想,你是否在日夜宣扬那最美丽的理想?你既然活着,你又是否为未来的人类的生活付出你的劳动,使世界一天天变得更美丽?我想问你,为未来带来了什么?在生活的仓库里,我们不应该只是个无穷尽的支付者。

6月×日

读《沉浮》以后,这本书给了我深刻的印象,沈浩如和简素华的恋爱故事教育了我。我认为简素华的那种坚强不屈的意志,那种高尚的共产主义风格,那种克服困难的决心和信心,那种艰苦朴素的工作作风,对群众那样的关怀,这位女同志是值得我学习的。沈浩如同志是一个有严重资产阶级意识的人,处处只为个人打算,怕吃苦,他那些可耻的行为,我坚决反对。

×月×日

一、保证克服一切困难，勤学苦练，早日学会技术。

二、保证破除迷信，大闹技术革命。

三、保证维护好机械，做到勤检查，勤注油，保证全年安全生产，不出机械和人身事故。

四、保证以冲天的革命干劲，以百战百胜的精神，苦干、实干、巧干，超额完成生产任务。

五、保证百分之百地参加学习和各种会议，以求得政治、文化、技术各方面的提高。

六、保证做好社会宣传工作，敢想、敢说、敢干，发挥一个共青团员的应有热能。

1959 年

8月26日

自从由鞍山转到弓长岭以来,自己就抱定决心:一定要很好地工作、学习,争取加入中国共产党。对各种学习任务都能认真完成;自学较好,每天早晨学习一小时,晚上总是要自学到深夜10至11点钟。早晨坚持做早操,没有违犯过纪律,都能按规定去做。今后,我应当继续加强组织纪律性,向违法乱纪做斗争,严守纪律,听从指挥,做好机器检查和保养,保证安全,消灭事故。努力学习政治,开展思想斗争和批评与自我批评,加强团结,虚心学习。

8月30日

我深深地认识到,做每一件工作,完成每一项任务,哪怕是进行每一次学习,都十分需要听党的话,听领导的话,争取领导的帮助和支持。

党和领导叫怎样去做,就不折不扣地按党的指示去做。这样,就是有再大的困难,也有办法克服;再艰巨的任务,也能完

成。相反，如果脱离了领导，不听党的话，光凭个人的心愿去做事情，是很难做好的，甚至要犯错误。有些同志思想进步慢，工作成绩差，是什么原因呢？我认为原因只有一个，就是自以为正确，不听党的话，不听群众的话，明明自己的看法不对，也不改正；明明领导和同志们的意见是正确的，也不诚恳地接受。这样，就会落后。

党的声音，就是人民的声音。

听党的话，就会开放出事业的花朵！

10月×日

昨天我听到一位从北京开积极分子代表大会回来的同志做报告。他说，毛主席在北京接见了他们，毛主席的身体很健康，对我们青年一代无比的关怀和爱护……当时我的心高兴得要蹦出来。我想，有一天我能和他一样，见到我日夜想念的毛主席该有多好，多幸福啊！可巧，我在昨天晚上做梦就梦见了毛主席。他老人家像慈父般地抚摸着我的头，微笑地对我说："好好学习，永远忠于党，忠于人民！"我高兴得说不出话来了，只是流着感激的热泪。早上醒来，我真像见到了毛主席一样，浑身是劲，总觉得这股劲，用也用不完。

我决心听党的话，听毛主席的话，永远忠于党，忠于毛主席，好好地学习，顽强地工作，为党和人民的事业贡献自己的一切，做一个毫无利己之心的人，我一定争取实现自己最美好的愿望，真正见到我们最伟大的领袖毛主席。

11月2日

向市劳动模范张秀云学习。首先学习她高度的主人翁责任感,对党对社会主义建设事业的赤胆忠心;学习张秀云同志积极主动、帮助别人、大公无私、舍己为人的共产主义思想和团结群众的优良作风;学习她坚持向群众学习、不断充实自己、谦逊好学的精神。

11月14日

今天,我感到特别的高兴,一天紧张工作过后,一点儿也不觉得疲劳,我感到浑身是劲,深夜了,我还坐在车间调度室里,看一本学习毛泽东同志的思想方法和工作方法的书,真使我看得入了迷,越看越使我感到毛主席的英明和伟大。

深夜11点钟了,走出门外,天黑得伸手不见五指,这时突然下起雨来了。陈调度员说,我们建筑焦炉工地上,还散放着7200袋水泥。陈调度员急得一时手足无措。……雨越下越大,这时,我猛然想到了党的教导,要我们爱护国家财产,又想到了我是一个共青团员。想到这些,一种无穷的力量鼓舞着我,急忙跑到工地,用自己的被子,并脱下了衣服,抢着盖在水泥上。后来,我又跑到宿舍,发动了20多个小伙子,组织了一个抢救水泥的突击队,有的忙着找雨布,有的忙着找芦席,盖的盖,抬的抬,经过一场紧张的战斗,避免了国家的财产受到重大的损失。

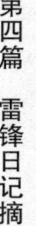

这时，我才松了一口气。抹掉了头上的汗，带着乐观的心情，昂首阔步回到了宿舍，回忆自己为国家、为党做的一点点工作而高兴。

11月×日

我们在建设焦化厂当中，住不好、吃不好和工作环境不好等，这些困难都是暂时的、局部的、可以克服的。只要我们有叫高山低头、河水让路的气概，是没有战胜不了的困难的。

11月20日

我在鞍钢开推土机时，车间主任给了我一个任务，要我带三个学员。自己的技术不高，又怎能教好学员呢。可是，我想到这是党给我的任务，我一定要坚决完成。在驾驶和学习机器构造原理时，我和他们互相研究，我不懂就去请教其他师傅，而后再告诉他们。他们只用四个月就学会了开推土机。毕业后，工厂要给我36元带学员的师傅钱，我没要。我学的技术是党培养的，今天告诉别人是应该的。

11月26日

中午12点，我刚从车间开完会回到宿舍，一进门就被人家围住了。小王拿着一张报纸跑到我跟前说："雷锋同志，你看，你上次在雨夜抢救水泥,登了共青团员报了!"当时,我也和大家同样感到高兴。这对我和大家来说,都是很大的鼓舞。……我这么一点点贡献,比起党对我的要求和希望还是做得很不够的,但是我有决心忘我地劳动,赤胆忠心,不骄不傲地乘胜前进,多为党做一些工作,这就是我感到最光荣的。

12月4日

　　昨天,当我听到车间总支李书记关于1959年征兵的报告后,我激动得一时一刻都没有平静。深夜了,我怎么也睡不着觉,便从床上爬起来,跑到了车间办公室,叫醒了已熟睡的李书记。我问他:"我能不能入伍呀?"李书记笑着回答说:"能呀!像你这样身强力壮的小伙子,参加人民解放军是顶呱呱的哩!"他从头到脚仔细地看了我一下说:"哎呀,小雷怎么没穿棉衣呀!下这么大的雪,不冷吗?"这时我才觉得穿一身衬衣有点寒冷。李书记把棉衣披在我的身上,回到了宿舍,我还是不想睡觉,坐在条桌旁写我的入伍申请书和决心书。今天一清早,我就到车间报了名。现在,我的愿望就要实现了,我怎么能够不高兴呢!只要组织上批准我入伍,我一定要把自己最可爱的青春献给我们的祖国,做一个真正的共产主义革命战士……

12月7日

　　早上六七点钟,我和朱主席以及其他几位代表们坐火车到了

弓矿开先进生产者、红旗手以及工段以上的干部大会。

当我一走进会场，真把我吸引住了。会场布置得是那么的庄严、美丽，上午9点钟会议正式开始。首先党委高书记宣布了大会主席团名单，其中有我一个，当我走上主席台时，我那颗火热的心是多么的激动啊！像我这样一个放猪流浪出身的穷孩子，今天能参加这样的大会，同时还把我选为主席团的成员。我是党的，光荣应该归功于党，归功于热情帮助我进步的同志们。

12月8日

一个革命者，当他一进入革命行列的时候，就首先要确立坚定不移的革命人生观。……树立这样的人生观，就必须培养自己的思想道德品质，处处为党的利益，为人民的利益着想，具有大公无私、舍己为人的风格。……要能够为党的利益，为集体的利益不惜牺牲自己的利益。否则就是个人主义者，是资产阶级的人生观。

1960 年

1月8日

这天是我永远不能忘记的日子,这天是我最大的荣幸和光荣的日子。我走上了新的战斗岗位,穿上了黄军服,光荣地参加了中国人民解放军。我好几年来的愿望在今天已实现了,真感到万分的高兴和喜悦,这是我一生最大的幸福。

在党的正确领导下,在革命的大家庭里,我一定要好好地锻炼自己,在入伍的这一天,我提出如下保证:

一、听党的话,服从命令听指挥,党指向哪里,我就冲向哪里。

二、加强政治学习,多看报纸和政治书籍,按时参加部队各种会议和学习,积极宣传党的政策,密切靠近组织,及时向组织反映各种情况,不断提高自己的政治思想觉悟。

三、尊敬领导,团结同志,互帮互爱互学习。

四、严格遵守部队一切纪律,做到虚心向老战士学习,刻苦钻研,加强军事学习,随时准备打击敌人。

五、克服一切困难,发扬长辈优良的革命传统。我要坚决做到头可断,血可流,在敌人面前决不屈服、投降。我一定要向董

存瑞、黄继光、安业民等英雄学习。

六、我要努力学习政治、军事、文化，我要好好地锻炼身体，我一定要在部队争取立功当英雄，我一定要做一个毛泽东时代的好战士，我要把我可爱的青春献给祖国最壮丽的事业。

以上六条是我努力的方向和我的奋斗目标。今天我太高兴太激动，千言万语一下要写完是办不到的，因此写到这里告一段落。

我渴望已久的参加中国人民解放军的理想实现了，怎么叫我不高兴呢！我恨不得把我的心掏出来献给党才好。晚上我怎么也睡不着，我的心就像大海的浪涛一样，好久不能平静。

我，一个在旧社会受苦受罪的穷苦孤儿，居然成为一个国防军战士，得到党和首长的信任，受到战友们的关爱，我真不知说什么好……

在这个革命的大家庭里，首长胜过父母，战友亲过兄弟，这一切，只有在党领导下的人民军队里才能得到……

我一定不辜负党对我的教育和期望，我决心保持和发扬我们弓长岭矿全体职工的光荣，军政学习争优秀，全心全意保卫国防，成为一个优秀的国防战士。

2月8日

我出生在一个很贫穷的农民家庭，在旧社会里受尽了折磨和痛苦。参军以后，我在党的培养教育下，深深懂得了社会主义的今天是由无数革命先烈和战友的艰苦奋斗、英勇牺牲得来的。从我参加革命那天起，就时刻准备着为了党和阶级的最高利益牺牲个人的一切，直至最宝贵的生命。

2月15日

敬爱的毛主席，我看到您写的《纪念白求恩》这篇文章，深受教育，被感动得流下了热泪。

过去有人讽刺我说："你积极有什么用，那么点的小个子，给你150斤重的担子，你就担不起来。"我听了这话，还埋怨自己为啥长这么点小个子呢！

可是，您老人家说："一个人能力有大小，但只要有这点精神，就是一个高尚的人，一个纯粹的人，一个有道德的人，一个脱离了低级趣味的人，一个有益于人民的人。"这话给我很大鼓舞。个子小，我也要尽我自己最大的力量，做到毫不利己，专门利人，向伟大的国际主义战士白求恩学习。

3月×日

我学习了毛主席著作以后，懂得了不少道理，脑子里一豁亮，越干越有劲，总觉得这股劲儿永远也使不败。

我为群众尽了一点自己应尽的义务，党却给了我极大的荣誉，去年被评为先进生产者，并出席了鞍山市青年建设积极分子大会。这完全是由于党的培养，是由于毛主席思想给了我无穷的力量，是由于广大群众支持的结果。我要永远地记住："一滴水只有放进大海里才能永远不干，一个人只有当他把自己和集体事业融合一起的时候才能有力量。"

"力量从团结来，智慧从劳动来。
行动从思想来，荣誉从集体来。"
我要永远戒骄戒躁，不断前进。

3月10日

在今天的电影里，我看到英勇的革命战士黄继光。他为了党和人民的事业，为了人类的解放而献出了自己最宝贵的生命。……他这种为了党和人民的事业而牺牲了自己的崇高精神是值得我永远学习的。
……

12月8日

一个革命者，当他一进入革命的行列的时候，首先要确定坚定不移的革命人生观。树立这样的人生观，就必须注意培养自己的思想道德品质，处处为党的利益、为人民的利益着想，具有大公无私、舍己为人的风格，能够为党的利益、为集体的利益不惜牺牲自己的利益，否则就是个人主义者……

12月×日

我深切地认识到，要想成长进步，要为党做更多的工作，就必须认真读毛主席的书，听毛主席的话，照毛主席指示办事，才能做毛主席的好战士。我一定要抓紧点滴时间进行学习，做到书不离身，有空就掏出来看一段，在明年读完《毛泽东选集》第四卷中的《抗日战争胜利后的时局和我们的方针》《关于重庆谈判》《关于目前国际形势的几点估计》《目前形势和我们的任务》《将革命进行到底》《论人民民主专政》《丢掉幻想，准备斗争》等重要文章，重读《毛泽东选集》一、二、三卷中的重要文章，坚决做到边学、边想、边改、边运用。

　　我从开始学习毛主席著作那天起，就牢记住这样几句话：理论学习如果脱离实际，即使学得烂熟，但是表里不一，言行不一，仍然不能很好地改造思想，所以理论学习应该联系实际，改造思想。我决心要把毛主席的思想学到手，定要使毛主席的光辉思想在我的脑海里扎根，在我的一切实际行动中开花结果。与此同时，我要牢记毛主席的教导："虚心使人进步，骄傲使人落后。"我们最敬爱的领袖毛主席就是我们永远学习的光辉榜样。他老人家是多么的谦虚啊！愿作群众的小学生。我呢？只是沧海之一粟，更应该虚心向群众学习。我一定要紧紧依靠党，依靠群众，永远做群众的小学生，永远听党的话，忠于党的事业，做毛主席的好战士。

12月27日

　　"……不怕饥饿，不怕寒冷，不怕危险，不怕困难。屈辱，痛苦，一切难于忍受的生活，我都能忍受下去！这些都不能丝毫动摇我的决心，相反的，是更加磨炼我的意志！我能舍弃一切，但是不能舍弃党，舍弃阶级，舍弃革命事业。"

永垂不朽的革命烈士——方志敏同志是我永远学习的榜样，我出生在一个很贫穷的农民家庭，在旧社会受尽了折磨和痛苦，在慈祥的母亲中国共产党的不断哺育和教导下，居然成为一个国防军战士、光荣的共产党员，我要时刻准备着为党和阶级的最高利益，牺牲个人的一切，直至生命。

12月28日

……

毛主席说："没有满腔的热忱，没有眼睛向下的决心，没有求知的渴望，没有放下臭架子，甘当小学生的精神，是一定不能做，也一定做不好的。"……

我在党和毛主席的不断哺育和教导下，健康地成长起来。由于政治觉悟的不断提高，树立了为共产主义而奋斗的大志，在工作和学习中取得了一点点成绩，这应该归功于党，归功于帮助我的同志们。我一定永远牢记毛主席的教导，永远做群众的小学生。

1961 年

1月1日

  1960年已过去了。新的1961年在今天已开始,今天我感到特别的高兴。入伍一年来,我在党和首长的培养教导下,由于同志们的帮助,使我学会了很多军事技术知识。刚入伍时什么也不懂,手拿着枪还心惊肉跳只怕走火。由于连、排首长把着我手教,因此我才学会了射击,投弹也是同样地取得了优秀的成绩。汽车理论和实际驾驶学习,每次测验也都是5分。在政治上也有很大的提高,特别是学习毛主席著作后,心里变得明亮了,思想和眼界变得更加开朗和远大了,干劲越来越足。由于政治觉悟的不断提高,因此才能在工作和学习中做出一点点成绩。并于1960年11月8日加入了伟大的中国共产党。我从一个流浪孤儿,成长为一个共产党员,这完全是党的培养教育、同志们帮助的结果。……我要永远忠于党,保卫党的利益,为党的事业奋斗终身。

1月18日

  在我们前进的道路上,不可能不遇到一些暂时的困难,这些

困难的实质,"纸老虎"而已。

问题是我们见虎而逃呢,还是"遇虎而打"?

"哪儿有困难就到哪儿去"——不但"遇虎而打",而且进一步"找虎而打",这是崇高的共产主义风格。

2月2日

今天我从营口乘火车到兄弟部队做报告。下车时,大北风刺骨的刮,地上盖着一层雪,显得很冷。我见到一位老太太没戴手套,两手捂着嘴,口里吹一点热气温手。我立即取下了自己的手套,送给了那位老太太。她老人家望着我,满眼含着热泪,半天说不出话来。……一路上,我的手虽冻得像针扎一样,心中却有一种说不出的愉快。

2月3日

今天我到达海城后,上午作了一场报告,下午我和郅顺义老英雄见了面。……老英雄抚摸着我的头,紧紧地握着我的手,亲切地问我多大年纪,什么时候入伍的?同时还倒给我一杯茶。当时,我的心像抱着一只小兔子一样,怦怦直跳,有一肚子话可不知咋样说好。我听说老英雄是董存瑞的亲密战友,我的心像压不住似的要往外蹦,万分敬佩和羡慕地叫他给我讲董存瑞的英雄事迹。我听他说:"董存瑞是六班的班长,我是七班的班长。在一九四八年五月二十五日打隆化县的时候,董存瑞在爆破组,我在突击组，我们的任务是要去炸掉敌人的四个碉堡和五个地堡。我们两个组牺牲了六个人，每组只剩下两个人了，董存瑞对我说，'就是剩一个人也要坚持战斗，不完成任务不回队！'在炸最后一个碉堡的时候，董存瑞用手举着炸药包，炸掉了敌人的碉堡，完成了战斗任务，我敬爱的革命战友董存瑞就这样英勇地为党的事业而光荣地牺牲了。"我听到老英雄讲完董存瑞的英雄事迹后，我的心像大海的浪涛一样，久久不能平静，我感动得满眼热泪直掉。

董存瑞英雄对敌人万分的愤恨，对党和人民无限的忠诚，在战争当中，英勇顽强，丝毫不畏缩，为人民的解放牺牲自己。

董存瑞英雄是我永远学习的好榜样，我一定要为党和阶级的崇高事业，随时准备牺牲自己的一切，直至生命。

郅顺义老英雄是我永远学习的榜样，他在战斗当中，勇敢坚定，机动灵活。他俘虏敌人140多人，缴获机枪40多挺。他勇敢地消灭了敌人，保存了自己。

董存瑞和郅顺义两英雄的事迹，深深地教育了我，给了我莫大的鼓舞和无穷的力量，我一定要时刻用这些英雄的事迹来鞭策自己，永远忠于党，忠于人民。

3月×日

凡是脑子里只有人民、没有自己的人，就一定能得到崇高的荣誉和威信。反之，如果脑子里只有个人、没有人民的人，他们迟早会被人民唾弃。

3月4日

今天，连长发给我一支新枪，我真像得到了宝贝一样，乐得连话都说不出来。看看那锋利而发亮的刺刀，摸摸那光滑的机柄，数着崭新的子弹，简直高兴得不知如何是好，生怕把枪弄脏了。看到枪机上落了一点点灰尘，我立即从衣兜里，掏出自己心爱的手绢，把灰尘擦得一干二净。

人民给我这支枪，我一定要好好保管和爱护，向党和人民保证，决心勤学苦练，定要练出真正的硬本领，坚决保卫我们的社会主义建设，保卫我们伟大的祖国，随时准备给侵略者致命的打击。

这支枪是我的，是革命给我的！

要想从我这里夺去，我宁愿战斗而死！

对党和人民要万分忠诚，对敌人越诡诈越好。

3月16日

世界上最光荣的事——劳动。

世界上最体面的人——劳动者。

3月×日

什么是时代的美？战士那褪了色的、补了补丁的黄军装是最美的，工人那一身油渍斑斑的蓝工装是最美的，农民那一双粗壮的、满是厚茧的手是最美的。劳动人民那被烈日晒得黝黑的脸是最美的，粗犷雄壮的劳动号子是最美的声音，为社会主义建设孜孜不倦地工作的人的灵魂是最美的。这一切构成了我们时代的美。如果谁认为这并不美，那他就不懂得我们的时代。

4月×日

当你在最困难、最危险、甚至威胁自己生命之时，也能严格地遵守纪律，那就是好党员。我要做一个名副其实的好党员。

4月15日

毛主席教导我们说："任何新生事物的成长都是要经过艰难曲折的。在社会主义事业中，要想不经过艰难曲折，不付出极大努力，总是一帆风顺，容易得到成功，这种想法只是幻想。"

共产党所以能够领导人民群众，正因为，而且仅仅因为，它是人民群众的全心全意的服务者，它反映人民群众的利益和意志，并努力帮助人民群众组织起来，为自己的利益和意志而斗争。

4月16日

热情，像熊熊的火焰，是一切的原动力！
有了伟大的热情，才有伟大的行动！

今天是星期日。有的同志叫我上街看电影……在这风和日丽的春天里，正是农忙的季节，公社的社员们都在紧张而又忙碌地耕地、播种。我是一个农家的孩子，现在虽然成了一名祖国的保卫者，可是我有责任支援农业，改变农村的面貌，为农业早日机械化、电气化贡献一点力量。

想到这些，我哪里有心看电影呢？拿着铁锹跑到了抚顺李石寨人民公社万众生产大队，和社员们一起翻地，他们的革命干劲深深地教育和鼓舞了我，他们建设新农村的革命热情是万分高涨的。我真正懂得了群众的力量能移山填海，只有群众的力量是无穷无尽的，一个人的力量总是沧海一粟。我决心永远和群众牢牢地站在一起，为人类最美好幸福的生活而斗争。

4月17日

今天连部召开了一个党、团员积极分子大会，听首长说：因近两年来我国遭到特大的自然灾害，给我们造成了一些暂时的困难。可是目前阶级敌人有所抬头，想乘机破坏我们的社会主义建设。我听了心里直发火，恨之入骨。我家里很穷，父、母、哥、弟都死在民族敌人和阶级敌人的手里。这个血海深仇，使我永远铭记在心。解放后，伟大的共产党拯救了我，党像慈父般地哺育和教育着我，从记事那天起，党和毛主席便成了我心上的太阳；对阶级敌人更加憎恨。由于不断受到党的教育，懂得了阶级斗争。像我这样的穷苦人，不斗争就没有出路……

现在我是一个共产党员，"一个共产党员，只有当他闭上了眼睛的时候，才有权利停止斗争"。我决心为党和阶级的最高利益斗争到底。

4月23日

今天早上接到上级首长的指示，要我到旅顺海军部队汇报。上午10点15分，我乘火车离沈（阳）去旅（顺）。列车上的旅客很多，我看服务员忙不过来，心想，自己是一个共产党员，共产党员的全部任务就是全心全意为人民服务。在这种情况下，我应当做一名义务服务员，为旅客们服务。我把自己的座位让给了一个老大娘，自己在车上找到了一把扫帚，挨个扫完了整个车厢，接着又擦玻璃和车厢，而后给旅客们倒开水。有个老太太很亲切地对我说："孩子，看你累得满头大汗，该休息啦。"我回答说："没什么！"……一个大尉首长站起来握着我的手说："大家应该向你学习。"我对首长说："为人民服务这是我应尽的义务。"

列车在飞奔，旅客们个个心情舒畅，有的打扑克，有的唱歌，有的唠家常，还有的妇女逗小孩，广播员播送各种新闻和好听的歌曲，整个车厢充满了愉快和欢乐。

"旅客们注意啦！现在我们车厢要选一位旅客安全代表。"乘务员说。一位旅客站起来说："选这位解放军同志，大家同不同意啊？"旅客们都异口同声地说："好。"我真感到这是同志们对我高度的信任，那么，应该更好地关心大家。和旅客打交道，真好极了，原先不认识的，也认识了，亲热得像一家人一样，真是有啥说啥。旅客们有事都找我，但我并不感到麻烦，反而觉得荣幸。……

4月24日

　　我到了××部队,好几个战友的眼睛出神地看着我。其中一个同志说:"是雷锋!"另一个战士同志说:"不是,雷锋一定是下士了,哪能还是一个上等兵呢?他可能是雷锋班里的战士吧。"他们都不敢肯定我是不是。和我一同去的同志对他们说:"你们不认识他吗?他就是雷锋。"我笑着和他们握了手,并问好。其中有个战友可有意思,他伸出大拇指对我说:"你是这个,呱呱叫的,起先我们都不敢认你,想必你一定是个下士了。"我笑着回答说:"当兵很好嘛,都是为着一个目标——实现共产主义。"

　　我仔细分析一下,他们想我一定是下士了,也许是有点"根据"。因报纸上都宣传过,同时党和首长都很信任,一定要提升得快一些。可是,他们没考虑到工作需不需要的问题。为了党和人民的事业,我总想多贡献一点力量,那些个人的军衔级别,我真没时间考虑。

4月27日

　　今天上午,我在旅顺海军××舰上,向海军首长和战友汇报了自己的一切工作、学习和生活在两个不同的社会里的两种不同的命运的情况,当我讲到在旧社会那种悲惨遭遇时,舰长和海军战友都掉下了眼泪,我更是悲痛万分!我是无产阶级革命战士,只有化悲痛为一切前进力量,将革命进行到底,为人类的解放而斗争。

　　下午 1 点钟,我乘火车离旅顺回沈阳,在列车上看到一位有病的老大爷,我把座位让给了他老人家,并问他是什么病,他半天才说了一句:"痨病十多年啦!"我问他在旅行当中有什么困难?他说:"我到丹东还差 1 元钱买车票,我还没吃午饭呢!"毛主席教导我们说:"我们无论到什么地方,都要关心群众,帮他们解决困难。"于是,我帮助他解决了旅途中的困难。

4 月 × 日

　　毛主席著作对我来说好比粮食和武器,好比汽车上的方向盘。人不吃饭不行,打仗没有武器不行,开车没有方向盘不行,干革命不学习毛主席著作不行!

4 月 28 日

　　现在,我们国家处于困难时期。我们是国家的主人,应该处处为国家着想,事事要精打细算,不能今朝有酒今朝醉,明日愁来明日忧。我们要奋发图强,自力更生,克服当前存在的暂时困难,坚决反对大吃大喝,力戒浪费。

　　……

　　同志,你是否意识到您的一切生活在幸福之中?可能意识不到,也可能意识到了。当您能吃一顿饱饭,穿上一套衣服,能当

家做主,自由地生活,你有如何感觉呢?有一种说不出的幸福感。这是党和毛主席给您带来的,是革命前辈流血牺牲给您带来的。

4月30日

毛主席指示我们:"要提倡勤俭建国。要使全体青年们懂得,我们的国家现在还是一个很穷的国家,并且不可能在短时间内根本改变这种状态,全靠青年和全体人民在几十年时间内,团结奋斗,用自己的双手创造出一个富强的国家。社会主义制度的建立给我们开辟了一条到达理想境界的道路,而理想境界的实现还要靠我们的辛勤劳动。有些青年人以为到了社会主义社会就应当什么都好了,就可以不费气力享受现成的幸福生活了,这是一种不实际的想法。"

毛主席的话给了我深刻教育和启发。根据我国目前的情况来看,还存在着许多困难。……为着克服这些困难,都要十分地听党和毛主席的话,一切做长期打算……注意节约。

今天,司务长发给我两套单军衣和两套衬衣,我只各领了一套,剩下那两套衣服交给了国家,以减少国家的开支,支援祖国的建设。

5月1日

今天是伟大的"五一"国际劳动节,我感到特别的高兴。为了纪念这个伟大的节日，我没有上街看热闹，把房前屋后、室内室外干干净净地打扫了一遍，帮助炊事班洗菜、切菜、做饭，用了3个小时，其他大部分时间用于学习《王若飞在狱中》这篇文章。我读了一遍又一遍，越看越爱看，越读越感动。读完之后深深感到，我们不应该忘记过去！

在旧社会里，广大劳动人民受着国民党反动派的剥削压迫，过着牛马不如的生活。在惨无人道的旧社会里，有多少人像刘宝全这样白白地死去啊！

和千千万万受剥削受压迫的劳动人民一样，在旧社会里，我家也受尽了旧制度的折磨和凌辱……解放了，我才脱出苦海见青天！革命前辈用生命和鲜血拯救了我，伟大的共产党和毛主席拯救了我！……我要永远听党的话，永不忘记过去，为了共产主义事业，要像王若飞同志那样，永生战斗！

5月2日

我在《前进报》上看到了共产党员郑春满同志舍己救人的英雄事迹后，感动得流出了眼泪。他在为抢救两个孩子的生命与怒涛漩涡搏斗中，光荣地献出了自己的宝贵生命。我为失去一个这样好的阶级兄弟而感到十分沉痛。同时，也为有这样一个在党和毛主席教导下，在革命军队洪炉里熔炼成长起来的真正优秀的阶级兄弟而感到光荣和骄傲。

……我要学习他那舍己为人的精神，为共产主义奋斗终身。

5月3日

我看到一位同志做了一件损公利己的事,心里过不去,立即批评和制止了他,爱护国家和人民财产是我的责任,不能不管,今后还应该大胆地管。

牢牢记住,并且要贯穿在自己的生活和实际行动中去——革命的利益高于一切,处处为集体利益而不惜牺牲个人的一切。

5月4日

党和毛主席救了我的命,是我慈祥的母亲。我为党做了些什么?当我想起党的恩情,恨不得立刻掏出自己的心;当我想起我所经历的一切太平凡了的时候,我就时刻准备着:当党和人民需要我的时候,我愿意献出自己的一切。

5月14日

今天是星期天,我出了一个公差,帮炊事班做饭。一方面给大家改善生活,做点好吃的;另一方面让炊事员很好地休息一下,以处理一些个人的琐事。

晚饭后,指导员集合全连的同志开了一个会,布置下礼拜的工作,同时还宣布了上级的一个命令,提升我当副班长。……今天首长提升我当副班长,完全是党对我的高度信任和大力的培养。我决心不辜负党和首长对我的期望。从今天起,我要更好地听党和首长的话,并牢记毛主席的教导:"我们都是来自五湖四海,为了一个共同的革命目标,走到一起来了。""我们的干部要关心每一个战士,一切革命队伍里的人,都要互相关心,互相爱护,互相帮助。"坚决按毛主席指示办事,努力学习马克思列宁主义和毛泽东思想,事事以身作则,关心每个同志。以自己的实际行动,去影响和帮助同志,时时严格要求自己,全心全意为党工作,为战友们服务。耐心帮助同志们提高共产主义觉悟,组织大家更好地学习毛主席著作,用毛主席的思想指导一切行动……

6月29日

十多年来,我在党的不断培养和教育下,提高了政治思想觉悟,树立了为共产主义事业奋斗到底的雄心大志,因此在各项工作和学习中取得了一点点成绩,党和人民给予了我很大的荣誉。自从去年各报刊和广播电台介绍了我的情况以后,收到了全国各地许多青年的来信。今天党对我这样信任,同志们对我这样尊重,我一定要更加虚心,尊重大家,努力学习,忘我工作,时时牢记毛主席的教导,永远做一个人民的小学生。

7月1日

今天早上起来,我感到格外的高兴,原因不是别的,昨晚我梦见了伟大的领袖毛主席。正好今天又是党建立四十周年的诞生

日,今天,我有向党说不尽的话,感不尽的恩,表不完为党终身奋斗的决心。

我,一个孤苦的穷孩子,今天成长为一个解放军战士、光荣的共产党员,并当选为抚顺市人民代表,这一切是我做梦也想不到的。可以肯定地说,没有共产党,就没有我。每当朋友和同学及许多不相识的同志来信称赞我,羡慕我的进步的时候,我就感到很不安。我像一个学走路的孩子,党像母亲一样扶着我,领着我,教会我走路。我每成长一分,前进一步,这里面都渗透着党的亲切关怀和苦心栽培。

……

亲爱的党,我慈祥的母亲,我要永远做您的忠实儿子……为建设社会主义和实现共产主义而献出自己的全部力量,直至生命结束。

7月2日

今天,战友×××在队列当中稀稀拉拉,九班长看见后就发了火,好一顿批评,可是×××同志置之不理。下操后,×××同志说:"九班长态度粗暴,我懒得听他的。"

这件事引起了很多人的议论。有人说:"九班长的脾气不好,有事爱发火,他的心可是好的。"我认为这种说法不够正确。毛主席说过:"真正的好心,必须顾及效果。"抱着好心而又好对同志发脾气的人,常常是效果不好。既然效果不好,这好心又表现在哪里呢?这好心给革命、给同志又带来了什么好处呢?

这件事,我认为九班长应该对×××同志进行耐心说服教育才对,在列队中对×××发态度,达不到教育目的。我们都是阶级兄弟,应该互相帮助,共同进步。

8月3日

今天是我永远不能忘记的日子,我光荣地参加了抚顺市第四届人民代表大会第一次会议。像我这样一个给地主放猪出身的穷孩子,能够参加这样的大会,心里有说不出的高兴和感激。

首先我要衷心地感谢党和毛主席把我从虎口中救出来,把我抚育成人,教给我无产阶级的思想,感谢政府对我的亲切关怀和照顾,感激人民对我的爱戴。今天我深刻地认识到,只有在党和毛主席的正确领导下,才有我们穷人的天下,才有穷苦大众当家做主的权利,才有我们今天幸福的新生活。

……

我们的党,是英明的、伟大的、正确的。我要坚决听党的话,一辈子跟着党走,认真贯彻党的方针政策,对党有利的话有益的事,我要多说、多做,对党不利的话,没有益的事,我坚决不说、不做。我要全心全意为人民服务,永生为伟大的共产主义事业而奋斗。

8月6日

我看见有六位六七十岁的老太太来参加抚顺市第四届人民代表大会,内心十分羡慕和尊敬。我看到她们就好像看到了自己的

祖母一样。拉着她们的手，微笑地向她们问好，并把她们一个个送到宿舍，给她们倒茶、打水……并和她们有趣地拉家常。……从阶级友爱出发，我不但爱这些老太太，而且爱全国人民，爱全世界的穷苦大众。他们都是我的亲人，我要为他们的自由、解放、幸福而贡献自己毕生的全部精力，直至最宝贵的生命。

8月7日

抚顺市人民代表大会已经开了四天，今天是最后一天了。市委负责同志代表全市人民的心意，送给了我们一份礼物（一斤苹果），当我拿着这斤用红纸包着的苹果，内心特别激动。回想起自己过去那种无依无靠到处流浪的苦日子，总觉得现在的党和人民胜过自己的亲生父母，对我太关心了。我想：自己好了，不能忘记为人民而负了伤的阶级兄弟。于是我把这份苹果又转送给了住在卫生连的伤病员同志，自己虽然没吃着，但是心里比吃了这斤苹果还要甜十分。

9月10日

今天陈排长找我谈了一番话，对我的启发和教育很大。从多次的谈话中，使我深知，陈排长是一个直爽、诚实，对同志关心、对革命负责的好干部，这种精神和优良作风，我要永远学习。

排长谈到，据同志们反映说，我工作主观，其事实是：到浑河农场拉菜，我看农场里的同志都已吃晚饭了，心想战友艾起福、何国良出了一天车，比较累，再说午饭吃得早，也可能饿了。我和农场的管理员联系了一下，准备好了饭，叫他们两位司机吃，可是他们硬不吃，说天快黑了，车没有灯，要赶紧回队。我想回去也要吃饭，现在这里饭已准备好了，在哪吃还不一样吗？再三劝他俩吃，最后他俩还是没有吃，我也就和他俩一块拉菜归队了。事后他俩说我办事主观。

今天排长给我指出，要我今后办事多和群众商量，注意工作方法。我觉得很好，一定改进。至于其他方面的小缺点，我也要特别注意，加以纠正。有些反映虽然有出入，但我也很欢迎，今后提高警惕，随时注意。我深记了斯大林的教导："我们不能要求批评百分之百的正确。如果批评是来自下面的，那么即使这种批评只有百分之五到百分之十是正确的，我们也不应当忽视。"今天我是一个班长，对于战士的反映和意见，丝毫不能轻视，一定要坚决克服缺点，做好工作。

排长要我抓紧时间努力学习，提高政治觉悟和技术水平。这些好话，牢记心间，照着去做，定能进步。

9月11日

人民的困难，就是我的困难，帮助人民克服困难，贡献自己的一点力量，是我应尽的责任。我是主人，是广大劳苦大众当中的一员，我能帮助人民克服一点困难，是最幸福的。

9月20日

  我在哨所周围来回走动，脑子里一个转又一个转地想着，汽车、仓库、国家的许多财产、全连的安全，都掌握在卫兵的手里，如果麻痹大意，不提高警惕，万一敌人搞破坏，那将给国家和人民造成多大的损失。我感到自己责任的重大。比起红军长征的时候，天天打仗，经常几天几夜得不到休息，还是那样坚强勇敢、英勇奋战，我呢？人民的子弟兵，祖国的保卫者，这个光荣的称号使我感到高兴，我宁愿站到天亮也乐意。

9月22日

  毛主席写的《纪念白求恩》这篇文章，我早已读过，并为他的国际主义精神和共产主义精神感动得流出了热泪，对我的教育和启发特别之大。他那种毫不利己、专门利人的精神，鼓舞和鞭策了我的进步，使我所取得的收获不小。

  今天副指导员又给我们上了这一课，我又反复地看了数遍，所受教育更为深刻。白求恩同志对待自己本行业务是那样刻苦地钻研，精益求精，为人类的解放事业献出了毕生精力和整个生命。可是我呢，为党、为人民又做了一些什么呢？对照起来，我感到万分惭愧和渺小。拿自己的技术学习来说，还不是那么刻苦钻研的，学得也不够深透。但是我相信，只要再加一把油，勤学苦练，虚心学习，是一定能把汽车开好的……一旦帝国主义发动侵略战争，我们就彻底、干净、全部地把它们歼灭。

通过这篇文章的学习，使我深刻认识到：一个人活着，就应该像白求恩同志那样，把自己的毕生精力和整个生命为人类的解放事业——共产主义全部献出。我要永远站在无产阶级的立场上，永远忠于党、忠于人民、忠于保卫祖国和世界和平的伟大事业，做一个真正的共产主义革命战士。

10月1日

今天是国庆节，我格外的高兴。在这伟大的节日里，我加倍地惦记着英明的领袖——毛主席。敬爱的毛主席呀，毛主席！我天天想，月月盼，总想见到您。……可现在我还差得很远，没有做出什么成绩，对人民没有多大贡献。但是我有决心听您老人家的话，永远站在无产阶级的立场上，我要像松树那样，不怕风吹雨打、严寒冰雪，四季常青；我要像柳树一样，插到哪里都能活，紧紧与人民连在一起，在人民中生根、长大、结果，做人民最忠实的勤务员。

我要以坚强的毅力，忘我地劳动，刻苦学习，做好工作，争取见到毛主席。

10月2日

我做事，老好一个人去干，不爱叫别人，生怕人家不高兴。就拿扫地来说，我每天早上忙得不可开交，有的同志却闲着没

事，自己累得够呛，可是扫的地段不大。有时室外卫生没有及时打扫，首长看了不满意，我为这个问题真有点着急。

今天连长找我谈话，句句打动了我的心。他说："火车头的力量很大，如果脱离了车厢，就起不到什么作用。一个人做工作，如果脱离了群众，就会一事无成……"连长的话给了我很大的教育和启发，使我懂得了一个人只有和集体结合在一起才能最有力量。今天我发动了全班的同志打扫卫生，由于大家一齐动手，很快就把室内室外打扫得干干净净，事实证明连长的话是正确的。今后我无论做什么，一定要走群众路线，依靠群众，发动群众，团结群众，一道为社会主义建设和实现共产主义而贡献力量。

10月3日

人生总有一死，有的轻如鸿毛，有的却重如泰山。我觉得一个革命者活着就应该把毕生精力和整个生命为人类解放事业——共产主义全部献出。我活着，只有一个目的，就是做一个对人民有用的人。

当祖国和人民处在最危急的关头，我就挺身而出，不怕牺牲。生为人民生，死为人民死。

10月8日

今天我在报纸上看了一篇文章，其中鲁迅的两句诗对我教育

很深。我坚决要按照鲁迅的那两句诗去做:

"横眉冷对千夫指,俯首甘为孺子牛。"

对敌人要狠,要像严冬一样残酷无情;对党、对人民要忠诚老实,永远忠于党,忠于人民,做党和人民的驯服工具。

10月10日

我觉得一个真正的革命者,他是大公无私的,所作所为,都是对人民有益的,他的责任是没有边的……

10月12日

我要牢记这样的话:永远愉快地多给别人,少从别人那里拿取。这种共产主义精神,我要在一切实际行动中贯彻。

今天,我听战友×××说:没有日记本了,手中无钱买。我立即把自己一本新的日记本送给了他。这仅仅是一点小意思。我愿意把自己所有的东西,包括生命献给党和人民……

10月14日

×××同志是新调来我班的一个好同志。过去受过苦,现在革命热情高,工作能吃苦。他来自农村,学习少,政治觉悟比较低,对各种问题的看法有时片面……和同志们比较起来是落后了。我觉得这个同志有一个最大的特点,就是敢于改正缺点和错

误。从这点来看，还是有办法的。我们班有的同志对他看法不好，说他是个落后分子，就因他调到我们班，有的同志不大满意……针对这个矛盾，我组织大家学习了毛主席"共产党员对于落后的人们的态度，不是轻视他们，看不起他们，而是亲近他们，团结他们，说服他们，鼓励他们前进"的教导，大家统一了认识，改变了态度。

×××同志调到我班的第三天就病了。……我觉得自己有责任去关心他，体贴他，给予他温暖。一清早，我请卫生员给他看了病，并给他打开水吃药，打洗脸水，给他洗脸，做病号饭送给他吃，把自己的棉大衣给他盖在身上，安慰他好好休息。到澡堂洗澡的时候，我给他擦澡……在生活方面我给予他适当的照顾。他激动地对我说："班长，你对我太关心了，人心都是肉长的，我再不好好干，也说不过去了。"第四天一早，他就主动地打豆子去了。我们吃早饭的时候，他打了一麻袋豆子背了回来。

10月15日

今天是星期日，我没有外出，给班里的同志洗了五床褥单，帮×××战友补了一床被子，协助炊事班洗了600多斤白菜，打扫了室内外卫生，还做了一些零碎事……总的来说，今天我尽到了一个勤务员应尽的义务，虽然累了点，也感到很快活。班里的同志感到很奇怪，不知道谁把褥单洗得干干净净的。×××同志惊奇地说："谁把我的破被子换走了？"其实他不知道是我给他补好的呢！我觉得当一名无名英雄是最光荣的。今后还应该多做一些日常的、细小的、平凡的工作，少说漂亮话。

10月16日

高楼大厦都是一砖一石砌起来的,我们何不做这一砖一石呢!我所以天天都要做这些零碎事,就是为此。

10月17日

我看到厕所的粪池满了,立即动手把大粪淘出来,虽然牺牲了自己一上午的休息时间,但是厕所里弄得很干净了。人家开玩笑地说我是一个大粪夫。我觉得当一个大粪夫是非常光荣的。1959 年参加北京群英会的时传祥同志,不就是一个淘大粪的工人么?我要是能够赶上一个这样的大粪夫,那该多荣幸啊!

10月18日

有的同志晚上不愿意站岗。白天工作学习忙,比较疲劳,晚上睡得甜蜜蜜的,叫起来站岗,是有一点不是滋味。可是,他们没有想到,站岗是党和人民交给我们的一项光荣而艰巨的任务。每次轮到我站岗的时候,不管是白天或黑夜,烈日或严寒,我总是很愉快地去执行了。这是因为我时刻想到:我们是伟大的中国人民解放军,是祖国的保卫者,是人民最可爱的人。

10月20日

人的生命是有限的,可是,为人民服务是无限的,我要把有限的生命,投入到无限的为人民服务之中去……

10月22日

有些人讲话爱啰嗦,有时一句话或一件事反复地说,东扯葫芦西扯瓢,说来说去还是一个意思,时间用了不少,事情说得不多。俗话说:剩饭炒三次,狗都不爱吃。一句话老那么说,人家就不爱听。本来意思不多,却讲了不少,结果那一点精华都被淹没在空话的海洋中了。这好像人们喝糖水,同样多的糖,如果掺水适当,则味道甘美,如果掺水过多,必然淡而无味。可见讲话的时间长,不一定效果就好,相反,有时还会更坏。

11月26日

我学习了《毛泽东选集》一、二、三、四卷以后,感受最深的是,懂得了怎样做人,为谁活着……

我觉得自己活着,就是为了使别人过得更美好。

我要以黄继光、董存瑞、方志敏等同志为榜样,做一个热爱祖国、热爱人民,永远忠于党、忠于人民革命事业的人。

11月27日

　　今天下大雨,我看到咱们车场放了两堆苞米,虽然用雨布盖上了,但是我还不放心,跑去一看,发现苞米被雨淋湿了不少。我真心痛极了……立刻组织了全班的同志冒雨收苞米。有的拿大筐,有的拿麻袋,装的装,抬的抬,很快就把2000多斤苞米搬到了家里,免遭损失。虽然衣服湿了,但是粮食收回来了,自己放心,心里快活了。

1962年

1月1日

1961年已经胜利度过。回顾入伍两年来,在党和上级的耐心培养教育下,不断地提高了阶级觉悟,懂得了热爱同志和集体,懂得了怎样做人,懂得了党的号召就是我们行动的指南。由于我在实际工作和行动中,做出了一点成绩,部队党委授予我"模范共青团员"和"节约标兵"的光荣称号,并给我记二等功一次,三等功二次,这使我内心十分激动。因为我所做的是每个共产党员应尽的义务,而且距离党和上级的要求还差得远,获得一些成绩也是党的教育和同志帮助的结果。

在新的一年中,我决心继续努力,做各项工作中的红旗手,关心同志,关心集体,处处、事事、时时起模范带头作用……

1月11日

今天教员给我们连上了防原子武器一课。……下课后,便立刻组织大家学习毛主席《和美国记者安娜·路易斯·斯特朗的谈话》等文章。毛主席说:"原子弹是美国反动派用来吓人的一只纸老虎，看样子可怕，实际上并不可怕。当然，原子弹是一种大规模屠杀的武器，但是决定战争胜败的是人民，而不是一两件新式武器。"

通过学习，大家提高了认识，端正了态度。……因此在防原子弹操练中，大家干劲十足，信心百倍，操作认真。虽然在零下20多摄氏度的野外练习防原子弹，但没有一个人叫苦的。我看到同志们那种苦练硬功夫的劲头，真高兴极了。

1月13日

今晚，我看了《洪湖赤卫队》电影，感到浑身是力量，我激动的心情像大海的浪涛一样，总也不能平静。

共产党员——韩英同志那种坚强勇敢、不怕牺牲的精神给了我莫大的鼓舞和无穷的力量。她在敌人监狱里宁死不屈，并歌唱："为革命，砍头只当风吹帽；为了党，洒尽鲜血心欢畅。"她这崇高的豪言壮语，深深地刻在我的脑海里。我决心永远向韩英学习，为了党，我不怕上刀山入火海，为了党，哪怕粉身碎骨，永不变心。

1月14日

在最困难、最艰苦的工作中，我就想起了黄继光，浑身就有了力量，信心百倍，意志更坚强……

我每次外出执行任务或在最复杂的环境中，就想起了邱少

云，就能严格地要求自己，很好地遵守纪律。

每当我得到福利和享受的时候，就想起了白求恩，就先人后己，把享受让给别人。

当个人利益与国家、党和人民的利益发生矛盾的时候，我就想起了过去家破人亡、受苦受难的苦日子，就感到党的恩情永远报答不完。

1月16日

今天下了大雪，刮着刺骨的北风。为了使车辆经常保持良好的技术状态，随时开得动，我和韩玉臣同志主动到车场保养车辆。双手拿着冰冷的工具，调整和修理铁的机器，的确冷得很，有时手拿着铁的机件，就把手和机件粘在一起了。特别是双手伸到汽油里去清洗机件，更把手指冰得好像针扎一样，我真想去烤烤火。可是，一想起连长在军人大会上的报告："在三九天里保养车是一个艰巨的战斗任务，过硬的功夫是在冰天雪地里锻炼出来的。"我感到有一股暖流立刻传遍了全身，觉得有了无穷的力量，打消了烤火的念头，继续清洗机件。经过8个多小时野外苦战，终于把汽车保养好了，虽然手冻裂了口子，但是锻炼了自己的意志，提高了技术。

2月3日

我一口气看完了《中国青年》杂志上徐老（徐特立）写给晚

辈的几封家信。越看越感到浑身是劲，越看越觉得亲切，越看越想看。特别是徐老说的："一个共产党员应当什么都知，什么都能，什么都学，什么都干，什么人都交，什么生活都过得下去。"这些话对我来说，是有很大启发和教育的，也是我应当知道的，必须要做的。我要永远记住徐老这些有益的话，并且要贯穿于一切言论和行动之中，决心把自己锻炼成为一个名副其实的共产党员，为人类做出贡献。

2月5日

今天是大年初一，大家都愉快地欢度新春佳节，有的打球，有的下棋，有的同志上街看电影，玩得够痛快……

我和同志们打了两盘乒乓球，心里觉得有件什么事没做似的。我想了想，每逢过年过节是人们探家和走亲戚的好日子，这个时候也正是各种服务部门和运输部门最忙的时候，这些地方是多么需要人帮忙啊。

我向副连长请了假，直奔抚顺车站。我刚到，正好一列火车进站。我看到一位老太太很吃力地背着一个大包袱上火车，我急忙跑上前，接过那老太太的包袱，扶着那老太太安全地上了车，给她老人家找了个座位，我才放了心。我要下车的时候，那老太太紧紧地握着我的手说："你真是毛主席和共产党教育出来的好兵……"

我拿着扫帚扫候车室的时候，车站的主任对我说，"你辛苦啦，休息休息吧。"我没有休息。我觉得这是自己应尽的义务。我给旅客们倒开水的时候，他们说："解放军真好，处处关心人。"

我这样做,能使人民群众更加热爱党,热爱毛主席,热爱解放军,这就是我感到最幸福的。

2月8日

今天文书同志从团里拿回来几本新书,其中《向秀丽》这本书把我吸引住了。我拿了这本书,一口气读完了 10 多页,越读越使我感到浑身是劲,越读越使我敬佩,越读越想读……我用了 4 个多小时一字字一句句读完了这本书。读过之后,使我提高了阶级觉悟,加深了对剥削阶级的仇恨,对劳动人民的热爱……使我懂得了热爱同志和集体,懂得了爱护国家的财产和人民的生命安全,要比爱护自己的生命更重。

我决心永远学习向秀丽同志坚定的阶级立场,敢于斗争的精神;学习她耐心帮助同志、处处为集体谋利益的精神;学习她对工作极端负责任;学习她对党对人民无限忠诚;学习她爱护国家财产胜过爱护自己生命的精神;学习她在紧急关头,挺身而出、英勇牺牲的精神……我时时刻刻都要以她为榜样,经常对照自己和鞭策自己,把自己锻炼成为一个坚强的无产阶级革命战士。

2月10日

我觉得一个革命者就应该把革命利益放在第一位,为党的事业贡献出自己的一切,这才是最幸福的。

2月26日

过去，我是孤苦伶仃的穷光蛋。

现在，我是一个光荣的共产党员，国家的主人。

将来，我永远是党的忠实儿子，人民的勤务员。

2月×日

要树立四个观念：

一、政策观念。

二、集体观念。

三、战备观念。

四、劳动观念。

2月27日

雷锋呀，雷锋！我警告你牢记：千万不可以骄傲。你永远不能忘记，是党把你从虎口中拯救出来，是党给了你一切……至于你能做一点事情了，那是自己应尽的义务。你每一点微小的成绩和进步都应该归于党，要记在党的账上。我一定听党和毛主席的话，把我的青春献给世界上最壮丽的事业——为人类解放而斗争。

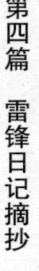

3月2日

  骄傲的人,其实是无知的人。他不知道自己能吃几碗干饭,他不懂得自己只是沧海之一粟……

  这些人好比是一个瓶子装的水,一瓶子不满,半瓶子晃荡,可是还晃荡不出来。这有什么值得骄傲的呢?

3月×日

  你崇高的行为就是献身于为人民服务,为自己的祖国效忠,为崇高的共产主义理想立功。

3月×日

  不经风雨,长不成大树;

  不受百炼,难以成钢。

  迎着困难前进,这也是我们革命青年成长的必经之路,有理想、有出息的青年人必定是乐于吃苦的人。

3月7日

  我要永远愉快地多给别人,毫不计较个人得失……

3月9日

我懂得，一个人只要听毛主席的话，积极工作，就能为党做很多好事情。但，一个人的力量毕竟是有限的，走不远，飞不高，好比一条条小渠，如果不汇入江河，永远也不能汹涌澎湃，一泻千里。

3月16日

我是党的儿子，人民的勤务员。我走到哪里，哪里就是我的家，我就在哪里工作。

3月×日

生活中一切大的和好的东西全是由小的、不显眼的东西累积起来的。

人若没干劲，好像没有蒸汽的火车头，不能动；像没长翅膀的鸟，不能飞。

3月24日

今天吃早饭，我看到炊事班的饭盆里有很多锅巴，便随手拿了一块吃。炊事员同志说："自觉点啊！"我听了这句话，心里

很难受,觉得吃一块锅巴有什么?赌气把那块锅巴放到饭盆里,走了出来。这时,通信员送来了一张报纸,我接过来就看,首先看到报纸上毛主席的语录说:"因为我们是为人民服务的,所以,我们如果有缺点,就不怕别人批评指出。不管是什么人,谁向我们指出都行。只要你说得对,我们就改正。"我一口气把这段话念了10多遍,越念越感到自己不对,越念越感到毛主席的这些话好像是专门对我说的,越念越后悔不该和炊事员赌气。我自己问自己:"你多不虚心呀!人家批评重一点,你就受不了啦!"想来想去,我还是硬着头皮跑到炊事班,承认了自己拿锅巴吃不对,并检查了自己的缺点。炊事员感动地说:"你对自己要求这么严,真是好同志……"

3月28日

我们要真正学到一点东西,就要虚心。譬如一个碗,如果已经装得满满的,哪怕再有好吃的东西,像海参、鱼翅之类,也装不进去,如果碗是空的,就能装很多东西。装知识的碗,就要像神话中的"宝碗"一样,永远也装不满。

4月3日

昨天下了一场大雪,今天显得格外的寒冷。吃过早饭,我到团里开会,在路上遇到一个十来岁的小孩,他穿的衣服很单薄,冻得打哆嗦,我看了心里过不去,立即脱下自己的棉裤,送给了他，这时我心里真感到有说不出的高兴。

4月4日

有人说：人生在世，吃好、穿好、玩好是最幸福的。我觉得人生在世，只有勤劳，发奋图强，用自己的双手创造财富，为人类的解放事业——共产主义贡献自己的一切，这才是最幸福的。

4月14日

我失去黄继光这样一个好的阶级兄弟，心情是万分悲痛的，我的眼泪忍不住地直流。

我是人民的战士，我不能再哭了，我要控制自己的眼泪，我要化悲痛为力量，我要更加坚强勇敢起来，我要刻苦练好本领，我要更高地举起毛泽东思想红旗，坚决革命到底，不消灭帝国主义和一切反动派决不罢休，一定要讨还敌人的血债，坚决为黄继光报仇，为人类的解放事业——共产主义贡献自己的一切。

4月15日

《黄继光》这本书，我不只看过一遍，而且是含着激动的眼泪，一字字一句句地读了无数遍，甚至我能把这本书背下来。我每当看完一遍，就增加一分强大的力量，受到的教育也一次比一次深刻。它对我的启发和鼓舞极大。英雄黄继光之所以能为人类

的解放事业做出伟大的贡献,是因为他有高度的阶级觉悟,对敌人恨之入骨,对党、对人民、对革命事业无限忠诚。

我要学习黄继光那种坚定的无产阶级立场;学习他勇敢坚强的革命意志;学习他的高贵品质;学习他关心别人比关心自己为重;学习他兢兢业业为党工作的精神;学习他勤劳朴实的性格;学习他谦虚好学渴求进步的精神;学习他为祖国人民英勇战斗的精神。

现在我是普通一兵,对党和人民没做出什么贡献,但是我有决心,永远听党和毛主席的话,紧紧跟着党和毛主席走,永远忠于党,忠于人民,兢兢业业为党工作一辈子,老老实实为人民服务,坚决完成黄继光未完成的事业。我随时准备献身祖国,必要时,我一定像黄继光那样,贡献自己的生命,做祖国人民的好儿子。

4 月 16 日

我今天一口气读完了《党的好儿子龙均爵》这本书。这本书太好了,对我的教育极深,对我的启发和帮助很大。我处处要以龙均爵为榜样,永远学习他不畏艰难困苦、敢于斗争的精神;学习他关心爱护同志的高贵品质;学习他大公无私、舍己为人的精神;学习他刻苦学习钻研技术的毅力;学习他爱护国家财产和爱护自己生命的精神;学习他处处把国家的利益和人民的利益放在个人利益之上的思想。坚决学习他,并贯彻于实际行动中,一定要在保卫祖国和建设祖国的事业中,贡献自己的力量。

5月2日

今天下午我在保养汽车,突然天下大雨。我正在盖车的时候,见到路上有一位妇女,抱着一个小孩,右手拉着一个五六岁的孩子,左肩上还背着两个行李包,走起路来真是很吃力。我急忙跑上前,问她从哪来?到哪去?她说:"从哈尔滨来,到樟子沟去。"她还告诉我说:"兄弟呀!我今天遭老罪了,带两个孩子,还背一些东西,天又下雨,现在天快黑了,还要走10多里路才能到家。现在我都累迷糊了,我哭也哭不到家呀……"我听她这么说,心里很过不去。我想,毛主席说过:"我们的同志不论到什么地方,都要把和群众的关系搞好,要关心群众,帮助他们解决困难。"想起毛主席的教导,浑身有了力量,我跑回部队驻地,拿着自己的雨衣给那位妇女,我又抱着她的孩子,冒着风雨送她们回家。在路上,我看那小孩冷得发抖,我立即脱下自己的衣裳给他穿上。走了1小时40分钟,终于把他们送到了家,那妇女激动地对我说:"兄弟呀,你帮了我,我一辈子也忘不了啊……"

我对她说:"军民一家嘛,何必说这个呢……"我离开她家的时候,风雨仍然没停,他们都留我住下,我想,刮风、下雨、天黑,算得了什么?一定要赶回部队,明天照常出车。我一边走一边想着:我是人民的勤务员,自己辛苦点,多帮人民做点好事,这就是我最大的快乐和幸福。

5月6日

　　今天是星期日,过得很有意义。上午修路200米,把几个坑洼的地方都填好了。开车的人对我说:"你做了好事呀!把路修好了以后,行车就要少遭点罪了。"我想,是呀!为了使行车方便,减少车辆震动,以防机件受损失,自己少休息点,多劳动点,是完全值得的。

　　下午,我保养了一个小时车,其余时间帮老百姓种地。我看到老乡们犁地,心想:借此机会学习犁地也不错呀!我提出要求,就得到了老乡的支持,尤其是王老大爷真好,把着手教我犁地。开始,牲口不听我使唤,地也犁得弯弯曲曲的。学习了一会儿,找到点门路,慢慢就顺手了。两个小时过去了,老乡说:"休息一会吧,让牲口吃点饲料。"说实在的,这时我真不想休息,总想多学一会,虽然累了一身汗,我觉得学点犁地技术是完全划得来的。从内心往外说,我时刻都想多学点本领,更好地为人民服务。我时刻牢记着马克思的教导:不学无术在任何时候,对任何人,都无所帮助,也不会带来利益。今天,我为了人民的利益,阶级的利益,革命的利益,多学点本领就更为必要了。我之所以要虚心学习,刻苦钻研,学到真本领,就是为此目的。

5月8日

　　今天部队发放了夏天的服装,本来每人发两套军服、两双胶鞋……我想,当前国家正处在困难时期,再说,我们的国家还很穷。可是党和人民对我们却还这样无微不至地关怀，使我从内心感激党和人民的关怀。党和人民对我们这样好，我们也得为党和人民着想。应该积极响应党的号召，发奋图强，自力更生，处处做到增产节约，发扬我军艰苦朴素、勤俭节约的优良传统。

为了和人民群众同甘共苦，减轻人民的负担，共同克服目前的困难，我只领了一套单军服，一双新胶鞋，其他用品也少领了。以前用过的东西，我都修补好了，继续使用。穿破了的衣服补好了再穿。我觉得就是现在穿一套打补丁的旧衣服，也比我过去披的破烂衣服要好千万倍啊！

6月22日

从3月16日到今天，我开的汽车已安全行驶了4000多公里，没有发生事故，圆满地完成了上级首长交给的各项任务。

为了使车辆经常处于良好的技术状况，准备迎接新的任务，首长给了我一天时间保养车。从今早6点钟开始工作，清洗了燃油系，检查调整了电路，底盘各部机件打了黄油。当我把全车螺丝检查紧定完毕的时候，接到首长的指示，叫我马上出车，护送一个重病号到卫生连。我急忙收拾工具，出车护送。临走前，我看了下手表，已是下午1点了。这时我的肚子也感到有些空了。凑巧，我连炊事员给我送来了一盒午饭，大家叫我吃了饭再走。但是我想：阶级兄弟病重，处在紧要关头，抢救同志要紧，不能耽误时间，于是起车出发。

经过两个多小时急行车，终于把病号按时送到了卫生连，顺利地完成了任务。这时，我才松了一口气，感到格外地痛快。

6月25日

我听有些人说：当兵不合算，挣不到钱，不如在家种二亩自留地，既有花的，又有吃的……

我认为这种人对个人利益和集体利益的关系认识不足。俗话说："大河涨水，小河满；大河无水，小河干。"同样的，只有集体利益富裕了，个人利益才能得到满足，如果没有集体的利益，哪还有什么个人的利益呢？

6月×日

我是在 1958 年夏开始学习毛主席著作的。经过学习，提高了阶级觉悟，武装了头脑，增强了本领。我在学习过程中，始终坚持用学习到的理论、观点对照联系自己的思想、劳动和周围的一切实际事情。这么一联系，不仅加深了理论的理解，而且更有助于政治理论的提高。如通过学习毛主席所写的《中国社会各阶级的分析》和《关于正确处理人民内部矛盾的问题》这两篇文章，我清楚地明白了，不同的阶级有不同的立场，对同样一件事情，不同的阶级就有不同的看法和说法。……今后，我还要更好地学习，更好地为党的事业而奋斗。

6月28日

有些人对个人和集体的关系认识不清，因此做工作、办事情、处理问题等，只顾个人，不顾整体。这样，就会给革命造成损失，给集体造成不利。我觉得正确认识个人和集体的关系是很重要的。

我认为个人和集体的关系，正像细胞和人的整个身体的关系一样。当人的身体受到损害的时候，身上的细胞就不可避免也要受到损害。同样的，我们每个人的幸福也依赖于祖国的繁荣，如果损害了祖国的利益，我们每个人就得不到幸福！

6月30日

我认为，一个革命者，要树立牢固的集体主义思想，时刻都要把集体利益放在第一位。同时还要坚决打消个人主义，因为个人主义对革命不利，对集体有损害。个人主义好比大海中的孤舟，遇到风浪，一碰就翻。集体主义好比北冰洋上的原子破冰船，任凭什么坚冰都可以摧毁。我认为坐在小舟里摇摇晃晃不好，还是坐在原子破冰船上乘风破浪一往无前为好。

7月30日

今天起床后，我们参加了后勤处的生产劳动。到地里后，有的同志没按计划带工具，本来叫带10把镐头、6把锄头，结果只带了2把镐头、5把锄头，影响了生产。

这件事，对我的启发教育很大。我认为不按计划办事，害处很大。今天所见仅仅是生产当中的一件小事，大事又何尝不是如此呢？我感到无论做什么，一定要事先有计划，不能盲目乱干，

只有按计划办事，才能圆满完成任务。

8月5日

今天是星期日，本来应该休息。可是因为任务重、工作忙，再加上汽车行驶里程到了二级技术保养期间，我想：完成任务要紧，保养好车辆重要，牺牲个人休息嘛，没有什么。因此，我还是照常工作。上午调整了汽车各部间隙，换了手制动片。下午送工作组首长到我团工作，一路很平安……

8月6日

我今天听一位同志对另一位同志说："人活着就是为了吃饭……"我觉得这种说法不对，我们吃饭是为了活着，可活着不是为了吃饭。我活着是为了全心全意为人民服务，是为人类的解放事业——共产主义而斗争。

8月8日

今天给一营二连拉粮食。上午8时从下石碑山出车，9时半左右就到达了抚顺粮站。这趟是副司机开的。因他缺乏驾驶经验，遇到紧急情况，就手忙脚乱起来，因此，轧死了老乡的一只鸭子。我立即叫他停车，向老乡道歉，并给老乡赔偿了2元钱，使老乡没意见，很受感动。

8月9日

今天我看了一位科学家对青年讲的一段话,对我的启发教育很大。他说:"你在任何时候,也不要以为自己什么都知道。不管别人怎样器重你们,你们都要有勇气对自己说:'我没有学识!'决不要陷于骄傲。因为一骄傲,你们就会固执起来;因为一骄傲,你们就会拒绝别人的忠告和友谊的帮助;因为一骄傲,你们就会丧失客观方面的准绳。"

这些话好得很,我不但要永记,而且要贯彻到言语行动中。

8月10日

今天,我认真学习了一段毛主席著作,其中有两句话对我教育最深。毛主席教导我们说:"虚心使人进步,骄傲使人落后。"这是千真万确的真理。过去,我在一切言论或行动中,按主席的教导做了,因此我进步了。现在,我仍要牢记主席的这一教导,坚决努力,要求自己更好地做到这一点。

今后,我要更加热爱人民和尊敬人民,永远做群众的小学生,做人民的勤务员。

第五篇

雷锋诗文选编

雷锋在小学毕业典礼上的发言

（1956年7月15日）

亲爱的老师、同学们：

我们小学毕业了。毕业以后，很多同学准备升入中学学习。我呢，我决定留在农村广阔的天地里，当一个新式农民。我决心做个好农民，争取驾起拖拉机，耕耘祖国大地，建设社会主义新农村。将来，如果祖国需要，我就去做个好工人，为我国的社会主义工业化建设出把力。将来，如果祖国需要，我就参军做个好战士，用自己的鲜血和生命去保卫我们伟大的祖国。

同学们，让我们在不同的岗位上竞赛吧！

老师们，请你们看我的实际行动吧！

台湾（1958年）

我不是个音乐家，我不会歌唱，
我也不是个作家，我更不会朗诵，
可是我的心正在燃烧，正在激荡！
它已长上了翅膀，到处的飞翔，
越过那起伏的高山峻岭，
飞过那碧波万里的海洋，
飞向那遥远的地方——

台湾，
自古来就是我国的领土，
是我们最可爱的家乡。
那里有着无限的珍宝，
埋藏在那宽大的胸膛。
一片黑黝黝的森林呀，
可以盖上那千万座高大的楼房；
遍地耸立着粗壮的甘蔗，
制造出许多雪白的方糖；
那鲜嫩的乌龙茶叶，
驰名于国际市场；
那盛产菠萝和香蕉的园林啊！
吐露着扑鼻的清香；
那一年两熟的蓬莱米啊！
做起饭来焦黄喷香；
煤呀、铁呀更是不可计量……
台湾人民世世代代、子子孙孙，
热爱生活，热爱自己的家乡。

——于团山湖农场

歌颂领袖毛泽东（1958年）

河流奔腾向海洋，
海上升起了红太阳。
伟大的领袖毛泽东，

领导我们走向胜利和解放。
您领导我们生产建设,
把困难贫穷埋葬。
您领导我们战胜敌人,
把祖国变得繁荣富强。

啄木鸟（1958年）

把自己当作啄木鸟吧！
用辛勤而艰苦的劳动,
为万木除病灭害,
使树长得挺拔参天,
绿化原野,
造福人类！

千万别把自己比作鹦鹉鸟啊！
成天只会学舌别人,
为少数人——富豪们，权贵们
赏心悦目,
对广大的劳苦大众,
不给一丁点儿什么,
不作些微贡献。

——于团山湖农场

党救了我（1958年）

一九四四年的三十晚上，
没有月亮，无星光，
只听一声炮响，
鬼子进了我们桥头村庄。

它们像一群万恶的野兽，
抢走了粮食，夺走了猪羊，
烧毁了我们的房屋，
血洗了咱们的村庄。

我的父亲被日寇活活地打死，
我的兄长被机器活活地轧死，
我的弟弟被饿死，
我的母亲含恨被迫自杀。

剩下了六岁的我，
只好到处流浪。
今天流落到东家，
要上一碗洗锅汤；
明天站在西家大门口，
他放出一群恶狗，
咬得我手脚稀烂，

撕破了我的衣裳,
屁股胳膊露在外边。
捡了破烂麻袋,
还算好衣身上穿。

夜里找不到住的,
就睡在人家屋角的阶台上。
冬天在梦中冻醒,
那结了冰的破衣刺骨钻心;
夏天躺着,两手双脚不能停,
那长脚的毒蚊子,
咬得痛心,满身发肿通红;
秋天一到,
痢疾拉得真不像人;
春天不冷也不热,
那暴雨飘上台阶淋湿我浑身。
这悲惨的生活,
使我真不想活在人间……

霹雳一声巨响!
东方升起了红太阳。
呵!伟大的中国共产党,
您把我拯救,
把我抚养,
把我送进工农子弟的学堂。

冬天区委陈书记买给我新棉衣，
夏天他买给我蚊帐和汗衫。
若我有一点小病，
陈书记的心啊，
一刻也不能安宁，
比失掉了双手、眼睛还心疼；
我戴上红领巾的那天，
他赠给我金星钢笔，
买给我果糖。

难忘的一九五六年最后一天，
我站在团旗下面，
举起了右手向团宣誓。
我念完了高小，
踏进了望城的县委机关，
我要好好工作、听党的话，
为祖国发出热和光。

——于望成县委机关

以革命的名义（1958年）

以革命的名义，想想过去；
以革命的精神，对待现在；
以革命的态度，创造未来。

——于团山湖农场

翻车机（1959年）

我第一次走近翻车机的身旁，
仿如空中霹雷响，
吓得我倒退两步心惊慌，
啊，原来是翻车机把一列煤车来个底朝上，
只听那半空中唰唰响，
满满的一列车煤呀！
翻倒得又净又光。

马达在轰鸣，
翻车机好像个大蛟龙，
上下不停地翻腾搅动。
你的力量无尽无穷，
你的任务是多么重大而光荣。
你有时有点小毛病，
我们工人的心啊，
比失掉自己的双手、眼睛还痛。
翻车机呀翻车机！
我在你身旁工作是多么的骄傲。
我愿意在你身旁尽忠效力，
伸出你的友谊的手吧——翻车机，
你我共同走向共产主义！

——于鞍钢

可爱的工厂（1959年）

汽笛，对着初升的朝阳，
情不自禁地高声歌唱，
迎接英姿焕发的工人走进工厂。
啊，钢铁的心脏——鞍钢，
为了祖国的工业化，
你永远不知疲倦地繁忙。
你那高大的厂房，
建筑在数十里的土地上。
红彤彤的铁流，
像滚滚的长江水一样，
昼夜不停地奔忙。
如果谁要是在远处瞭望，
就能看到鞍钢全部的景象：
从森林般的大烟囱里，
吐出一股股黑黑的浓烟；
夜晚像无数条火龙在闪闪发亮，
把浓烟映得像五彩缤纷的彩云一样。
在这浓烟下面，
就是我们工作的厂房。
呀！真仿如神话般的天堂，
这里的工厂主人，
都在日以继夜地繁忙，

热情地歌唱。

歌唱我们的新生力量，

歌唱我们的厂房——鞍钢焦化厂。

——于鞍钢

诉苦会（1959年）

想起来，

好心酸。

忆往昔，

苦难言。

过去受熬煎，

挨饿没衣穿。

一天累到晚，

经常受皮鞭。

有病无钱治，

死了扔山边。

破屋露着天，

星月照房间。

外头下大雨，

屋里小雨天。

头顶破脸盆，

麻袋披在肩。

过去苦难重，

老小不团圆。

成天吃野菜,
冬天身无棉。
粮米高价无钱买,
孩子老婆泪涟涟。
地主来逼账,
拿着东西去典当。
衣物变卖光,
到处去流浪。
为了吃口饭,
讨要大街上。
自从来了共产党,
咱们穷人见晴天,
从今不再受压迫,
当家做主掌好权。
艰苦奋斗永向前,
人民的江山万万年。

——于鞍钢

雷锋在鞍钢授奖大会上的发言（1959年9月）

我这样一个孤苦伶仃的穷孩子,今天能够参加这样光荣的大会,心中感到十分光荣,万分感激党对我的教育和培养。我的一切都是党给我的。光荣应该归于教育我成长的党,应该归于热情帮助我进步的同志们。

我懂得一朵花打扮不出春天来,只有百花齐放才能春色满园的道理。

一花独秀不是春，百花齐放春满园。

本文是雷锋1959年9月出席鞍钢青年建设积极分子授奖大会时的发言。

雷锋在授奖大会上的发言（1960年11月27日）

敬爱的首长、亲爱的全体战友：

今天我感到非常荣幸，同时又感到十分惭愧。荣幸的是：我有了慈祥的母亲——伟大的中国共产党和英明的毛主席对我不断的培养教育，使我从一个穷孩子成长为一个有一定知识和觉悟的光荣的共产党员，成了国家的主人，有了我说话的权利；惭愧的是：我为党为人民尽了一点点本身应尽的义务，党和人民却给了我这么大的荣誉。党给我的恩情太大了，我永远也报答不完。

我在党的教育下，特别是经过认真学习毛主席著作，才使我的思想和眼界变得更加开朗和远大，使我的干劲越来越高涨。我所取得的这一点点成绩，应归功于不断培养教育我成长的党和英明的毛主席，应归功于热情帮助我进步的同志们。我这么一点点贡献，比起党对我的要求和期望是很不够的。我决心鼓足更大的干劲，高举毛泽东思想红旗，做出更大的成绩。

我的保证是：

1. 听党的话，听毛主席的话，努力学习毛主席著作，做毛主席的好战士。

2. 继续努力，不怕困难，学习好政治、军事、文化、技术，保证成绩优秀。

3. 工作上处处带头，保证搞好团结，帮助好同志，做到见先进就学，见困难就上，见方便就让。

4. 严格遵守部队一切纪律，服从命令听指挥。

5. 发扬艰苦朴素、勤俭节约的优良传统，不乱花一分钱，不乱买一寸布，不掉一粒粮，做到省吃俭用，点滴积累，支援国家建设。

在这次授奖大会上，中共沈阳军区工程兵党委宣布了授予雷锋"模范共青团员"称号的决定。

永远做毛主席的好战士（1961年）

在党和毛主席的哺育下，逐渐成长起来，并光荣地加入了中国共产党。我深深地感到，在我周身的每个细胞里，都渗透着党所给予的血液！

今后，我要更好地为党工作，认真读毛主席的书，听毛主席的话，按毛主席的指示办事。我决心在新的一年中，更深入持续地把毛主席著作学下去。初步计划在1961年学完《毛泽东选集》第四卷中《抗日战争胜利后的时局和我们的方针》等9篇著作，还要重读一、二、三卷中的有关著作。在学习中，我要做到联系实际，活学活用，用毛主席的思想来改造自己，把毛主席的思想真正学到手，永远做毛主席的好战士！

困难不可怕（1961年）

应该怎样对待困难——
　　　是战斗！
困难只能欺侮那些不能吃苦的人，
　　　困难害怕吃苦耐劳的战士。
困难只能欺侮那些胆小鬼，
　　　困难害怕顽强进攻的战士。
困难只能欺侮那懒汉，
　　　困难害怕认真学习的人。
困难只能欺侮那些脱离群众的人，
　　　困难害怕团结一致的伟大集体。

——写在日记本上

雷锋在抚顺市第四届人民代表大会上的发言（1961年）

敬爱的上级党委，亲爱的全体人民代表：

　　我是沈阳军区抚顺驻军7343部队的一名战士，像我这样一个在旧社会要饭的穷孩子，今天能够参加这样的大会，心里有说不出的高兴。但是我又感到很惭愧。

　　我高兴的是：有党和毛主席的英明领导，自己当了家，作了国家的主人，有了说话的权利。

我感到惭愧的是：自己是个大老粗，是个不懂事的孩子，为党做的事太少了，比起各位代表，我差得太远了。我有决心向大家学习，请代表们多多指导和帮助。

为了更好地接受党的教育，求得大家的帮助，我想在大会上表示一下自己的决心。首先，我完全同意和衷心拥护王市长、赖副市长、史院长所做的报告，并且坚决认真贯彻执行。

亲爱的全体代表：我是一个给地主放猪出身的穷孩子。今天，我能参加这样的大会，是我做梦也想不到的。在吃人的旧社会，我一家人都死在帝国主义、封建主义、官僚资本主义的手里。我的爸爸因被小日本鬼子抓去毒打成疾致死。我的哥哥给资本家做工，被机器轧伤致死。我那3岁的弟弟被活活饿死了。我的妈妈被可耻的地主奸污而死去。我7岁的时候，就成了一个无依无靠的孤儿。为了活下去，我只得给地主干活，吃不饱、穿不暖，天天挨打受骂。

解放后，党和毛主席救了我，不但给我吃的穿的，还送我上学读书。我高小毕业后，党又培养我当了技术工人。特别是我去年入伍后，由于党和部队首长对我的不断培养教育，同志们的帮助，不仅学会了一套保卫祖国的本领，而且大大地提高了政治觉悟，通过毛主席著作的学习，对问题的看法和认识，也更加清楚和明确了。

比如：去年我把几年来节约下来的200元钱，送给了人民公社，公社不肯收，我再三要求，才留下100元。去年8月，我在报纸上看到辽阳市遭到了特大洪水的灾害，我难过极了，心想，我是人民的子弟兵，当人民遇到困难的时候，应该挺身而出，大力的支援，于是，我把公社未收下的那100元钱又寄给了辽阳市委并写信慰问了遭灾人民。

今天，我虽懂得了一点道理，我做了我应该做的一些事情，但是比起党对我的要求，还做得很不够。我决心继续努力，不断前进。几年来，由于党和人民对我的信任，给了我很大的荣誉，而且我在去年加入了光荣伟大的中国共产党。我每一点微小的成绩和进步，都是党和部队首长不断培养教育的结果，是和同志们的帮助分不开的，党是我最慈祥的母亲，我所有的一切，都应该归功于党。

回想过去，看看现在，使我更加的热爱党、热爱毛主席。

今天，我衷心地感谢党救了我的命，感谢党给了我无产阶级思想，感谢政府对我无微不至的关怀和照顾，感谢人民对我的爱护。

为了不辜负党和人民对我的要求和期望，以及在这次大会的鼓舞下，我决心鼓足更大的革命干劲，努力学习马列主义和毛泽东思想，更好地为人民服务，在今后的工作和学习中，争取更大的成绩。我一定要时刻提高革命警惕，握紧枪杆，保卫我们的社会主义建设，保卫我们的祖国。我要永远忠于党，忠于人民，忠于保卫祖国的伟大事业，做毛主席的好战士。

最后祝大会胜利成功，全体代表身体健康。

一颗红心献给党（1962年）

党代会将要召开，
心中无限高兴，
是英雄的会师，

党的优秀儿女的集结，
互相交流经验，
制定六二年工作措施，
让党的新任务考验自己。

隆重大会就要开幕，
我用什么礼物迎接？
最宝贵的是决心和意志。
冬训任务已经完结，
目前做好一切施工准备，
迎接新的任务，
争取更大的胜利。

我要更好地读毛主席的书，
大踏步前进，
坚决完成党交给的一切任务。
用我的心情向大会祝贺，
预祝大会成功，
预祝大会胜利。

——写在日记本上

雷锋在望花区军烈属、复员退伍军人代表大会上的发言（1962年8月1日）

亲爱的各位代表们：

正当全市人民轰轰烈烈地开展拥军优属活动，庆祝伟大节日——中国人民解放军建军35周年的时候，抚顺市召开军烈属、复员退伍军人代表大会。这次会议的任务是：认真贯彻省市优抚会议精神，总结交流经验，改进工作，更好地调动全市军烈属、复员退伍军人在政治上和生产上的积极性，继承发扬革命优良传统，认清形势，努力生产，克服暂时困难，为支援前线、支援部队和社会主义建设事业做出更大的贡献。

这次会议的召开，又一次体现了党和政府对军烈属、复员退伍军人的亲切关怀。我们受大家的委托，怀着极其高兴的心情出席了这次会议。在会议期间，我们听取了赵区长、王政委的报告和陈书记的指示，使我们受到了莫大的启发和鼓舞，为此，我们提出如下倡议：

坚决在党的领导下，鼓足干劲，力争上游，充分发挥生产积极性和创造性，在社会主义各项事业中做出优异成绩，争取更大光荣。用支援前线，支援解放军的实际行动来回答党和政府对我们无微不至的关怀。

为了实现上述目的，我们保证做到：

（一）永远听党的话，努力学习马克思列宁主义和毛主席著作，牢固地树立起全心全意为人民服务的思想，保持蓬勃的革命

朝气，钻研业务，提高本领，服从领导，遵守纪律，用百折不挠的意志，克服前进道路上的一切困难。

（二）要密切联系群众，虚心地向群众学习，和群众打成一片，戒骄戒躁，在人民面前不摆架子，遇事同群众商量，与群众同甘苦共患难，随时随地都要接受群众的批评和监督。

（三）发扬勤俭建国，勤俭建军，勤俭持家，勤俭办一切事业的精神，永远保持艰苦朴素作风，厉行节约，反对浪费，爱护公物，树立坚定的共产主义思想，克服非无产阶级的思想意识。

第六篇

雷锋大事年表

1940 年 12 月 18 日

出生在湖南省望城县安庆乡一户贫农家里，乳名庚伢子，上学时取名雷正兴

1947 年秋

父母、兄弟相继死去，7 岁的雷正兴成了孤儿

1950 年夏

入学读到高小毕业

1956 年 9 月

在安庆乡政府当通信员

1957 年

在望城县委当公务员

1958 年 11 月

雷锋来到鞍钢，并将名字雷正兴改为雷锋

1959 年 8 月

自愿报名到弓长岭铁矿参加新建焦化厂工作

1958 年 10 月到 1960 年 1 月

3 次被评为先进工作者，5 次被评为红旗手，18 次被评为标兵，荣获"青年社会主义建设积极分子"称号

1960 年 1 月 8 日

在辽阳入伍，并代表新兵发言

1960年8月

带病抢险，荣立三等功一次

1960年11月8日

加入中国共产党

1960年11月

荣立二等功一次、三等功一次

1961年5月

当选为抚顺市第四届人大代表

1961年8月

被提升为运输连四班班长

1962年5月

被评为抚顺市优秀校外辅导员

1962年8月15日

在指挥倒车时，倒在了自己亲手驾驶过的13号车旁，年仅22岁